한눈에 보는

건설업
세무원리

한눈에 보는 건설업 세무원리

2024년 5월 31일 초판 인쇄
2024년 6월 10일 초판 발행

지 은 이   강상원
발 행 인   이희태
발 행 처   삼일인포마인
등록번호   1995.6.26.제3 – 633호
주   소   서울특별시 용산구 한강대로 273 용산빌딩 4층
전   화   02)3489 – 3100
팩   스   02)3489 – 3141
가   격   12,000원

ISBN   979-11-6784-278-7   03320

한눈에 보는

건설업
세무원리

강상원 지음

SAMIL | 삼일인포마인

머리말

    건설업을 영어로 Engineering & Construction이라고 하며 줄여서 E&C라고 쓰기도 한다.

    1등 건설사 대우건설의 영어명칭은 daewooenc이고, 기본이 혁신인 대림산업은 기업을 분할하면서 사명을 디엘이앤씨로 변경하고 하자 제로에 도전하고 있다. 포스코건설도 포스코이앤씨로 사명을 바꾸고 다음 30년을 준비하고 있다. 이젠 건설보다 이앤씨가 더 자주 등장 하는 듯 하다. Engineering & Construction은 설계와 시공을 말한다. 건설사가 단순히 설계와 시공 단 두가지 업무를 수행한다는 의미가 아니다. 건설쟁이의 감성으로 설계는 "계획"이고 시공은 "실행"이다. 즉, E&C는 계획부터 실행까지 모든 걸 다하겠다는 포부를 담고 있다. 즉, 건설회사 입장에서 건설업은 세상의 거의 모든 것이라는 자부심을 담고 있는 것이다.

    비단 건설회사의 입장이 아니라 하더라도 건설산업은 발주자로부터 주문을 받아 건축물을 완성하여 인도하는 수주산업이며, 토지를 바탕으로 노동·자본·기술 등의 생산 요소를 유기적으로 결합시키므로 제조업이고, 자체사업, 재건축·재개발 및 SOC 민간투자사업은 금융권 및 제3자로부터 자금을 조달하여 공급하므로 금융업이며, 사우디

아라비아, 이라크, 나이지리아 등 세계 여러 곳에서 석유화학 플랜트, 원자력발전소, 고속도로 및 신도시를 건설하고 있으므로 수출업이고, 여타 산업과 긴밀히 협력하며 생산과 고용, 부가가치를 파급하므로 국가 경제의 기간산업이다. 따라서 건설업은 세상의 거의 모든 산업이라고 할 수 있을 것이다.

이는 세무전문가들에게도 예외가 아니다. 여러 세무전문가들이 양도와 상속 등 재산세제를 다룰 때, 대부분의 과세물건은 부동산이 차지한다. 건설업은 이 부동산을 만드는 산업이라는 점을 고려한다면, 세무업무의 시작에 건설산업이 있다고 할 수 있다. 따라서 건설은 하나의 산업이 아니라, 세무업무와 산업인맥의 첫 단추라고 할 수 있다. 세무사 등을 전문과학기술지식업이라고 포장할 수도 있지만, 부동산의 주변산업으로 읽을 수도 있는 것이다. 그리고 부동산이 차지하는 산업의 비중과, 건설업이 부동산업의 큰 형님이라는 점을 고려한다면, 「건설업 세무원리」는 몰라도 외워야 하는 필수 암기과목이라고 할 수 있다.

2024년 6월 테헤란로 사무실에서

Contents

Contents

제1장

사업성 검토[1]

① 개요

사업성 검토는 법률적인 용어도 아니고 학문적인 용어도 아니다. 따라서 정형화된 방법이 있는 검토서가 아니다.

초기 사업성 검토는 토지매입에 대한 의사결정을 위한 검토이다. 사업성이 있는 평당 토지대를 구하는 것을 목적으로 하고, 사업 부지가 이보다 저렴하면 본격적인 사업성 검토를 하게 된다.

예를 들어 사업 부지가 1,000평인 경우 토지대가 평당 2,000만원이고, 공사비가 평당 500만원 일 때 주변 아파트 분양가가 평당 3,000만원인 경우 초기 사업성 검토는 아래처럼 진행된다.

---

1) 실무에서는 사업성 검토서를 F/S라고 부른다. 이는 Feasibility Study의 약칭인데, 세무쟁이의 입장에서 재무제표의 F/S(Financial Statements)와 겹친다. 실제 사업성 검토서는 재무상태표와 손익계산서를 합쳐서 현금흐름의 관점으로 기술하고 있다는 점을 본다면, 두 F/S는 매우 유사한 듯하다.

용적률은 해당 지자체의 조례를 확인해야 하지만 2종 일반주거지역인 경우 대략 200%라고 보자. 지상 건축 연면적은 2,000평(사업부지면적×용적률)이다. 지하층 건축 연면적은 지하주차장을 얼마나 확보하느냐에 따라 다르겠지만 통상 지상층 연면적의 25%~30%이다. 여기서는 30%로 가정하자. 이 경우 지하층 연면적은 600평이 되고 전체 연면적은 2,600평이 된다.

평당 공사비는 전체 연면적이 클수록, 지하층 연면적이 많을수록 저렴해진다. 지하층의 공사비가 지상층의 공사비보다 저렴하고, 연면적이 클수록 일의 효율성이 커지기 때문이다. 물론 시공사의 공사비는 실제 공사물량이나 마감수준 또는 물가수준, 물가인상 등에 따라 차이가 있겠지만 편의상 평당 공사비를 500만원으로 가정하자. 개발사업의 경험으로 보아 평당 공사비의 65%를 간접비로 가정해 본다.

아파트의 경우 전체 연면적에서 공급면적(전용면적+주거공용면적)만 분양가를 받을 수 있다. 상가나 오피스텔은 "주택공급에 관한 규칙"의 적용을 받지 않기 때문에 분양면적이나 계약면적에 평당 단가를 곱한 금액이 분양가가 된다(건분법 제9조 제1항 제3호). 통상 전체 연면적의 80% 정도를 공급면적으로 보자.

이 경우 총 분양수입은 480억원(1,000평×200%×80%×3,000만원)이다. 개발이익이 10%는 되어야 다른 변수를 감당할 수 있으므로 분양원가의 한도액은 432억원(480억원×90%)이 된다.

  연면적 평당 공사비 500만원 및 간접비 325만원이므로 토지비를 제외한 분양원가는 214.5억원(825만원×2,600평)이고 토지비로 지급할 수 있는 금액의 한도는 217.5억원(432억원 - 214.5억원)이며 사업부지 면적이 1,000평이므로 평당토지가격은 2,175만원이 나온다. 이 금액이 시행자가 토지소유자들에게 제시할 수 있는 최고 금액이 된다. 따라서 평단가 2,000만원인 본 사례는 사업성이 있다.

  이에 ㈜종합건설은 본격적인 사업성 검토서를 작성하고, 공동주택 분양사업을 진행한다. 이하 아래의 사업성 검토서를 사례로 하여 건설업의 세무에 대한 설명을 진행하고자 한다.

표1 사례의 사업성 검토서 (공동주택 분양사업/자체사업)

구 분		금액(천원)	비 고
유입	아파트	48,000,000	공급면적 1,600평×3천만원
	근생시설	1,200,000	계약면적 30평×4천만원
	발코니	1,800,000	(제5장 참조) 세대수×3천만원
	소계	51,000,000	(제3장 참조)
유출	용지비	20,000,000	(제4장 참조) 대지면적 1,000평× 2천만원
	본공사비	13,000,000	(제2장 참조) 연면적 2,600평× 5백만원
	설계비	1,000,000	

구 분		금액(천원)	비 고
유출	감리비	1,000,000	
	옵션공사	1,800,000	(제5장 참조)
	철거비	500,000	
	인입공사비	900,000	
	각종부담금	10,000	
	중개사비	100,000	
	법무사비	100,000	
	취득세_승계	929,200	(제7장 참조)
	취득세_원시	679,716	(제7장 참조)
	보유세	200,000	(제8장 참조)
	사업성 검토	100,000	(제1장 참조)
	취급수수료	200,000	
	회계사비_자금조달	200,000	
	M/H건립비	100,000	(제4장 참조)
	M/H설치비	20,000	
	M/H철거비	20,000	
	M/H임차료	1,500,000	
	분양대행용역	1,200,000	
	이자비용	1,800,000	
	불공제부가세	482,015	(제6장 참조)
	기타 판관비	59,069	
	소계	45,900,000	
순이익		5,100,000	(제9장 참조)

② 건폐율과 용적률

사례의 사업개요는 아래와 같다.

표2 사례의 사업개요

공동주택 분양사업(자체사업)				
사 업 개 요	대지위치	맥문동 123-1번지	용적률	200%
	대지면적	1,000㎡	건폐율	15%
	용도지구	제2종 일반주거지역	지상층 연면적	2,000㎡
	구조	철근콘크리트조	지하주차장면적	600㎡
	세대수	공동주택 60세대, 근생 1호	연면적총계	26,000㎡
	착공일	20×1.01.01.	사용검사일	20×2.12.31.

건폐율이란 대지면적에 대한 1층의 건축면적 비율을 말하며, 1층의 바닥면적을 대지면적으로 나누어 표시한다. 건폐율은 지면의 공간을 규제할 목적으로 존재하는 개념으로 지면상에 최소한의 공지를 확보하게 함으로써 건축물의 밀집을 방지하고 일광, 채광, 통풍 등을 양호하게 하여 화재 또는 비상시 피난 등에 필요한 공간을 확보하기 위함이다. 용적률은 입체적인 건축밀도의 개념이기 때문에 건축물의 높이가 높을수록 용적률은 늘어나지만 건폐율은 변하지 않는다.

용적률이란 대지면적에 대한 건축물의 연면적(대지에 둘 이상의 건축물이 있는 경우에는 이들 연면적의 합계로 한다)의 비율을 말한다. 연면적이란 건축물 각 층의 바닥면적의 합계로 한다. 바닥면적이란 건축물의 각 층 또는 그 일부로서 벽, 기둥, 그 밖에 이와 비슷한 구획의 중심선으로 둘러싸인 부분의 수평투영면적으로 한다.

① 대지[2]란 건물을 지을 수 있는 땅을 말한다.
② 대지면적은 건축물에 부속되는 대지의 면적을 말한다.
③ 주택공급면적은 주택의 전용면적과 공용면적 합계이다.
④ 건축연면적은 위 주택공급면적, 지하주차장 면적과 상가공급면적의 합계를 말한다. 지상층 연면적은 대지면적에 용적률을 곱한 2,000㎡이다. 즉, 지상층 연면적은 용적률 산정용 연면적이다.
⑤ 건축물구조란 대표적으로 벽식, 벽돌식, 철골식, 철근콘크리트식 등으로 나누어지며, 아파트의 경우 대부분 철근콘크리트 구조가 차지한다.

---

2) "대지(垈地)"란 「공간정보의 구축 및 관리 등에 관한 법률」에 따라 각 필지(筆地)로 나눈 토지를 말한다. 지목이란 토지의 주된 사용목적에 따라 구분한 법률상의 명칭이다. 지목은 총 28가지로 분류되는데, 하나의 필지는 하나의 지목만 존재한다. 이중 "대"는 "영구적 건축물이 있는 부지와 도시계획사업으로 택지조성이 된 토지"를 말한다. 따라서 "대지"는 건축물을 지을 수 있는 부지이고 지목이 "대"가 아닌 토지를 "대지"로 만들려면 지목이 "대"인 대지로 만들어야 건축이 가능하다. 이를 "지목변경"이라고 한다.

③ 전용면적과 공용면적

사례의 세대별 전용면적 등은 아래와 같다.

표3 사례의 공급면적 및 계약면적

구분	세대/호	전용면적(㎡)	공급면적(㎡)	계약면적(㎡)
24평형	30	60	70	110
30평형	20	80	100	160
36평형	10	100	119	200
근생시설	1	50		95
발코니	60			
소계		4,400	5,290	8,595

흔히 전용면적 84㎡를 34평형이라고 하고, 59㎡를 24평형이라고 한다. 평형은 전용면적이 아니라 공급면적으로 계산한다. 1㎡=0.3025평이므로 사례의 공급면적 5,290㎡는 1,600평이고, 계약면적 8,595㎡는 2,600평으로 사업성 검토서와 같다.

1) 전용면적

공동주택의 경우 외벽의 내부선을 기준으로 한 면적, 즉 안목치수를 이용한 면적을 말한다. 즉, 1세대가 전용하는 면적이다. 발코니는 서비스면적이므로 전용면적에 포함되지 않는다. 건물 등기부등본에는 건물의 면 표기 부분에 전용면적만을 표기하고 있다.

2) 서비스면적

외부와 접하는 앞, 뒤 발코니처럼 전용면적 외에 별도로 덧붙여 주는 면적을 말한다. 이 면적은 용적률, 전용면적, 공용면적, 계약면적, 분양면적 등 어디에도 포함되어 있지 않은 면적이어서 서비스면적이라고 부른다. 대표적인 서비스면적으로 발코니와 누다락이 있다.

3) 공급면적

전용면적과 주거공용면적의 합계를 말하며, 보통 33평형 아파트라고 하면 공급면적이 33평 이상이고 34평 미만이라는 뜻이다. 주거공용면적이란 복도, 계단, 현관 등 공동주택의 지상층에 있는 공용면적을 말한다(주택법 시행규칙 제2조 제2항 제2호 가목). 분양면적이란 전용면적과 주거공용면적 및 기타공용면적까지의 합계면적을 말한다. 기타공용면적이란 주거공용면적을 제외한 지하층, 관리사무소 등 그 밖의 공용면적을 말한다(주택법 시행규칙 제2조 제2호 나목).

4) 계약면적

계약면적이란 분양면적과 지하주차장면적의 합계면적을 말한다.

④ 단독주택과 공동주택

1) 단독주택

'단독주택'이란 1세대가 하나의 건축물 안에서 독립된 주거생활을 할 수 있는 구조로 된 주택을 말하며(주택법 제2조 제2호), 원칙적으로 하나의 건축물 내에 2세대 이상 독립된 주거구획이 없어야 하며, 2세대 이상의 독립된 소유권으로 구분될 수 없는 주택을 말한다. 따라서 단독주택은 임대를 목적으로 하는 경우가 대부분이며, 통매각하는 사업이고 분양하는 사업이 아니다. 분양이란 건축물의 전부 또는 일부를 2인 이상에게 판매하는 것(건분법 제2조 제2호)을 말한다.

단독주택의 종류별 범위는 다음 표와 같다(건축법 시행령 별표 1 제1호).

단독주택	단독주택	일반적인 의미의 단독주택[가정어린이집·공동생활가정·지역아동센터 및 노인복지시설(노인복지주택은 제외한다)을 포함]
	다중주택	1개동의 주택으로 쓰이는 바닥면적이 330㎡ 이하이고, 3층(지하층은 제외) 이하의 주택으로서 학생, 직장인 등 다수인이 장기간 거주할 수 있는 구조로 되어 있는 주택(각 실별로 욕실은 설치할 수 있으나, 취사시설은 설치하지 않는 것)을 말함.
	다가구주택	1개동의 주택으로 쓰이는 바닥면적이 660㎡(부설주차장 면적은 제외) 이하이고, 3층(지하층은 제외) 이하의 주택으로서 19세대 이하가 거주할 수 있는 주택을 말함(단, 1층의 전부 또는 일부를 필로티구조로 하여 주차장으로 사용하고 나머지 부분을 주택 외의 용도로 쓰는 경우에는 해당 층을 주택의 층수에서 제외).

2) 공동주택

'공동주택'이란 건축물의 벽·복도·계단이나 그 밖의 설비 등의 전부 또는 일부를 공동으로 사용하는 각 세대가 하나의 건축물 안에서 각각 독립된 주거생활을 할 수 있는 구조로 된 주택을 말하며(주택법 제2조 제3호), 공동주택의 종류별 범위는 다음 표와 같다(건축법 시행령 별표 1 제2호).

공동주택	아파트	아파트	저층아파트(5층 이하)	
			고층아파트 (5층 초과)	고층아파트(6~10층) 중고층아파트(11~20층) 초고층아파트(21층 이상)
	다중생활 시설	4층 이하의 주택으로 쓰는 1개동의 바닥면적이 660㎡를 초과 하는 주택(지하주차장 면적 제외)		
	다세대 주택	4층 이하의 1개 동의 건축연면적 660㎡ 이하의 주택 (지하주차장 면적 제외)		

⑤ 국민주택과 일반주택

1) 의의

'국민주택'이란 주택법 제2조 제6호의 규정에 의한 주거의 용도로만 쓰이는 면적이 1호 또는 1세대당 전용면적 85㎡ 이하인 규모 이하의 주택을 말한다. 이하 본서에서 국민주택규모를 초과하는 주택을 "일반주택"이라고 표현하기로 한다.

구 분		내 역
공동주택	1세대당	전용면적 85㎡ 이하(수도권을 제외한 도시지 역이 아닌 읍 또는 면 지역은 전용면적 100㎡ 이하인 주택)
단독주택	1호당	

※ 다가구주택의 경우에는 가구당 전용면적을 기준으로 한 면적을 말한다.

2) 국민주택의 건설용역

건설산업기본법, 전기공사업법, 소방법, 정보통신공사업법, 주택법 및 가축분뇨의 관리 및 이용에 관한 법률에 따라 등록을 한 자가 공급하는 주택건설용역을 말한다. 조세특례제한법으로 국민주택 건설용역은 부가가치세를 면세한다(집행기준 106-106-1).

① 부가가치세가 면제되는 국민주택 건설용역이란 다음의 것을 말한다.
「건설산업기본법」·「전기공사업법」·「소방시설공사업법」·「정보통신공사업법」·「주택법」·「하수도법」 및 「가축분뇨의 관리 및 이용에 관한 법률」에 의하여 등록을 한 자가 공급하는 국민주택의 건설용역
「건축사법」, 「전력기술관리법」, 「소방시설공사업법」, 「기술사법」 및 「엔지니어링산업 진흥법」에 따라 등록 또는 신고를 한 자가 공급하는 국민주택의 설계용역
「주택법」·「도시 및 주거환경정비법」 및 「건축법」에 의하여 리모델링하는 것으로서 건설산업기본법 등에 따라 등록된 자가 공급하는 것과 건축사법에 따라 등록된 자가 공급하는 리모델링 설계용역
② 제1항의 국민주택 건설용역에는 「건설산업기본법」 등에 따라 등록한 사업자가 하도급(하청) 또는 재하도급(재하청)을 받아 국민주택 및 이에 부수되는 부대시설의 건설용역을 공급하는

것을 포함한다.

③ 국민주택 건설용역이 포함되지 않은 택지조성공사만 수행하고 주된 용역인 국민주택 건설공사는 다른 시공사들이 수행한 경우 택지조성공사 용역은 부가가치세가 면제되는 국민주택 건설의 부수용역에 해당하지 아니한다.

④ 「건설산업기본법」에 따라 전문건설업(비계·구조물 해체공사업) 면허를 받은 건설업자가 주택재건축조합과 계약을 체결하고 제공하는 국민주택규모 이하의 주택을 건설하기 위하여 제공하는 기존 건축물 철거용역은 부가가치세가 면제되는 국민주택 건설용역에 해당한다.

⑤ 다음의 건설용역은 국민주택 건설용역으로 보지 아니한다.

종업원의 복리 또는 근로의 편의를 위한 합숙소나 기숙사에 대한 건설용역

관계 법령에 따라 면허를 받지 아니하거나 등록을 하지 아니한 사업자가 공급하는 건설용역

기존에 완성된 국민주택에 대한 수리 및 배관공사용역

도·소매업자가 국민주택의 공급자 또는 국민주택건설업자에게 공급하는 재화

⑥ 도급사업과 분양사업

1) 도급사업

도급사업은 건설회사가 별도의 발주처로부터 건설공사를 완성하고 그 대가를 지급받는 방식의 사업을 말한다. 건설회사는 건설원가에 관한 리스크에만 노출되는 바 상대적으로 안전한 사업에 해당한다. 즉, 도급사업은 남의 건물을 지어주는 사업이고, 건축허가 및 보존등기는 별도의 발주처인 시행자가 담당하게 된다. 따라서 도급사업의 시공자는 토지를 보유하지 않는다.

2) 자체사업(분양사업)

자체사업은 건설회사가 토지를 직접 매입하여 자체적으로 시공하여 판매 가능한 목적물을 완성한 후, 그 목적물을 직접 판매 공급(분양)하는 모든 사업으로 자영공사업 또는 건설회사의 자체사업이라고 부른다. 자체사업에서 건설회사는 사업주 또는 시행사의 지위도 가지고 있으므로 시행이익과 시공이익이 모두 건설회사에 귀속된다.

3) 사업유형별 대금지급조건

반드시 그러한 것은 아니지만, 사업유형별로 대금지급조건이 달라진다. 일반적인 사업유형별 대금지급조건은 아래와 같다.

표 4 건설회사의 사업유형별 대금지급조건

구분	발주유형			대금지급조건
도급사업	공공도급	턴키/대안		기성불
		최저가		
		일반		
	민간도급	재개발		분양불
		재건축	도급제	
			지분제	
		리모델링		기성불
		그룹공사		
		일반		
		BTO		
		BTL		
자체사업	개발분양			확정불
	개발운영			확정불

출처 : 건설회사 세무실무, 강상원, 2023년, 삼일인포마인

① 도급제 : 가장 일반적인 건축공사 발주방식으로서 건축물의
평당 공사비를 정하여 공사계약을 체결하고 상업이 진행되는
도중 물가상승이나 설계변경 등으로 공사비 증가요인이 있을
경우 변경계약한다. 도급제는 대금지급방식에 따라 기성불과
분양불로 나눈다.

② 지분제 : 조합은 분양가 변동에 상관없이 정해진 분담금을 부
담하며 사업에 따른 위험이나 초과 이익은 건설사에 귀속된
다. 정해진 분담금이 불변인 경우 확정지분제라고 한다. 실무

상 확정지분제 계약은 존재하지 않는다. 지분제는 모두 변동지분제라고 보는 것이 타당하고 이 경우 지분제 계약은 도급금액을 결정하는 방법으로 보아야 한다.

③ 기성불 : 장기간에 걸쳐 용역을 공급하는 경우 진행도 또는 완성도를 확인하여 그 비율만큼 대가를 지급하는 거래(국심 2007서0256, 2007. 12. 27.)로 세법상 완성도기준 조건부계약에 해당한다.

④ 분양불 : 장기간에 걸쳐 용역을 공급하는 경우 발주처의 분양수금 상황에 따라 분양수입금 통장의 잔고 내에서 대가를 지급하는 방식이다. 세법상 규정된 바 없으므로 계약의 조건에 따라 다양하게 해석될 수 있다(일반적인 경우 대금지급조건이 없는 것으로 보거나, 기타조건부로 본다).

⑤ 확정불 : 장기간에 걸쳐 용역을 공급하는 경우 용역의 대가를 계약금, 중도금, 잔금 등으로 분할하여 수회에 나누어 지급하는 방식으로, 분양계약이 대표적이다.

제**2**장

비용의 인식

① 재·노·외·경

공사원가는 도급공사의 경우 공사수행과정에서 투입된 원가(재료비, 노무비, 외주비, 경비 등)를 말한다.

1) 재료비

건설공사에 직·간접적으로 투입된 재료의 비용으로서 기초재료재고액과 당기재료매입액의 합계액에서 기말재료재고액을 차감하는 형식으로 기재한다.

2) 노무비

건설공사에 직·간접으로 종사하는 종업원에 대하여 지급하는 임금을 말하며 급여, 제수당, 상여금으로 구분한다.

이중 공사현장에서 직접 투입된 인력에 대한 급료 직접노무비로 구분하며, 직접건설공사에 종사 하지는 않으나 작업현장에서 보조 작업에 종사하는 노무자, 종업원과 현장감독자 또는 품질시험관리인 등에 지급되는 급료를 간접노무비라고 한다.

3) 외주비

건설업 회계처리의 특성으로 하도급계약에 의하여 공사의 일부를 타 건설업자(전문업자)에게 재도급하는 경우에 하도급자에게 지급하는 공사비용을 말한다.

종합건설회사의 경우 외주비는 산재보험의 보수총액 산정에 있어 매우 중요한 계정과목이다. 건설회사가 외주비를 재료비 등으로 분산 처리하여 보수총액을 줄이는 경우, 거액의 보험료 추징 및 가산금 등이 부과될 수 있으므로 주의하여야 한다. 예를 들어 공사현장 근로자의 임금을 판관비에 포함시키거나 하도급 공사비용을 외주비로 처리하지 않고 재료비로 처리하거나, 기타 복리후생비, 하자보수비, 경상연구개발비, 지급수수료 등 금액 중에 보수에 산입되어야 할 비용을 분산처리하는 경우가 있다. 이러한 경우 추후 공단에서 점검하여 4대보험료를 추징하기도 한다.

4) 현장경비

건설공사를 위하여 지출된 원가요소 중 재료비, 노무비, 외주비를 제외한 원가를 말하며, 기업의 유지를 위한 관리활동부문에서 발생하는 일반관리비와 구분된다. 계약목적물을 시공하는데 직접 소요된 비용들로 아래 비용들을 포함한다.

① 가설비 : 계약목적물의 실체를 형성하는 것은 아니나 현장사무소, 창고, 식당, 기숙사, 화장실 등 동 시공을 위하여 필요한 가설물의 설치에 소요되는 비용을 말한다.

② 외주가공비 : 재료를 외부에 가공시키는 실가공비용을 말하며 외주가공품의 가치로서 재료비에 계상되는 것은 제외한다.

③ 안전관리비 : 직업현장에서 산업재해 및 건강장해예방을 위하여 지급되는 비용을 말한다.

④ 세금과공과 : 시공현장에서 당해 공사와 직접 관련되어 부담하여야 할 재산세, 차량세 등의 세금 및 공공단체에 납부하는 공과금 등을 말한다.

⑤ 폐기물처리비 : 계약목적물의 시공과 관련하여 발생되는 오물, 잔재물, 폐유, 폐알카리, 폐고무, 폐합성수지 등 공해유발물질을 법령에 의거 처리하기 위하여 소요되는 비용을 말한다.

⑥ 환경보전비 : 계약목적물의 시공을 위한 제반환경오염방지시설을 위한 비용을 말한다.

⑦ 보상비 : 당해 공사로 인해 공사현장에 인접한 도로, 하천, 기타 재산에 훼손을 기하거나 저장물을 철거하게 됨에 따라 발생하는 보상, 보수비 등을 말한다.

⑧ 안전점검비 : 건설공사의 안전관리를 위하여 건설안전전문기

관에 의뢰하여 실시하는 정기안전점검 또는 정밀안전점검에 소요되는 비용을 말한다.

⑨ 하자보수비 : 특정공사와 관련하여 공사완공 후에 하자보수가 예상되는 경우에는 도급금액의 일정률에 상당하는 금액을 하자보수비로 하여 공사가 종료되는 회계연도의 공사원가에 포함한다.

⑩ 현장관리비 : 공사의 시공을 위하여 현장에서 소요되는 비용으로 위의 어느 항목에도 속하지 않는 경비의 합계액을 말한다.

② 수주추진비

공사원가는 계약체결일로부터 계약의 최종적 완료일까지의 기간 동안에 당해 공사에 귀속될 수 있는 원가를 포함한다. 그러나 계약에 직접 관련이 되며 계약을 획득하기 위해 공사계약체결 전에 부담한 지출은, 개별적으로 식별이 가능하며 신뢰성 있게 측정될 수 있고 계약의 체결가능성이 매우 높은 경우에 공사원가의 일부로 포함된다. 이 경우 공사원가에 포함되는 공사계약 전 지출은 경과적으로 선급공사원가로 계상하며, 당해 공사를 착수한 후 공사원가로 대체한다(일반기준 16장 문단 16.38).

공사계약 전 지출이란 '계약을 획득하기 위해 공사계약체결 전에 부담한 지출'을 의미하는 것이므로 주로 '수주와 관련된 지출'이 공사계약 전 지출에 해당될 수 있을 것이며, 또한 수주와 관련된 지출만이 아니라 체결될 가능성이 매우 높은 공사계약에 공사원가로 포함될 사전적 지출도 공사계약체결 전 지출에 포함될 수 있다(일반기준 16장 부록 실16.25).

예를 들어, 수주비는 특정 계약의 체결가능성이 매우 높고 특정 계약의 체결과 직접 관련되어 있으며 식별가능하고 신뢰성 있게 측정할 수 있는 경우에는 선급공사원가로 자산처리하며, 선급공사원가로 자산처리한 수주비는 공사 개시 후 적절한 방법으로 공사원가에 포함시킨다. 또한 일반기업회계기준 제16장 제2절에서는 예약매출계약에 해당하는 아파트분양계약도 건설형 공사계약에 포함하고 있는데, 분양계약 전의 모델하우스 건립관련 비용(특정 분양계약과 직접 관련된 경우에 한하며 회사홍보목적 등으로 상설로 운영되는 경우는 제외됨)도 공사계약 전 지출로서 선급공사원가로 회계처리한다(일반기준 16장 부록 실16.26).

③ 용지비

현장 용지투입비 계산시 건축분 작업진행률을 적용한다. 분양 아파트일 경우 용지비를 투입하여야 하는바, 공사진행률 계산시에는 용지비를 투입하여 계산하지 않으며, 건축분의 공사진행률을 적용하여 건축분의 공사진행률만큼 용지비 투입액을 산출하여 투입한다(법인세법 기본통칙 40 - 69…7). 도급공사의 경우 토지를 취득하지 않으므로 재료용지 및 용지비투입의 과정이 발생하지 않는다. 분양사업등의 경우 아래의 비용을 용지비에 포함한다.

① 기부채납하는 비용 : 법인이 토지의 용도변경 등으로 당해 자산의 가치를 현실적으로 증가시키기 위하여 금전 등을 기부채납하는 경우 이를 토지에 대한 자본적 지출로 보는 것이다(서면법인 - 4829, 2016.11.30.).

② 토지매입 여부를 결정하기 위한 사전평가 용역비 : 법인이 토지를 보유하고 있는지 여부에 불문하고 사업타당성조사를 하여 토지매입 여부를 결정하기 위한 사전평가 용역비를 지급한 경우 사업성이 있다고 판단하여 토지를 매입하는 경우 사전평가 용역비를 토지에 대한 매매계약을 하고 대금을 지급한 날이 속하는 사업연도의 토지원가에 산입하며, 사업성이 없는 것으로 판단하여 토지를 매입하지 않기로 결정한 때에는 사전평가 용역비를 사업성이 없는 것으로 판단하여 부지를 매입하지 않기로 결정한 날이 속하는 사업연도의 손금에 산입한다(서이 - 597, 2005.4.27.).

③ 토지매입시 부담한 토지 실사와 관련된 법률자문료, 등기이전비용 등
법인이 타인으로부터 매입한 자산의 법인세법 시행령 제72조의 규정에 의한 취득가액은 매입가액에 취득세·등록세 기타 부대비용을 가산한 금액으로 하는 것으로, 해당 부대비용에는

타인으로부터 매입시에 부담한 자산의 실사와 관련된 법률자
문료, 등기이전비용 등이 포함되는 것으로 자문료 등이 양수
한 자산과 직접 관련된 부대비용인지는 사실판단하는 것이다
(서이 - 2443, 2004.11.25.).

④ 토지취득 후 철거한 건축물의 취득가액과 철거비용의 처리

　토지만을 사용할 목적으로 건축물이 있는 토지를 취득하여 그
건축물을 철거하거나, 자기소유의 토지상에 있는 임차인의 건
축물을 취득하여 철거한 경우 철거한 건축물의 취득가액과 철
거비용은 당해 토지에 대한 자본적 지출로 한다(법인세법 기
본통칙 23 - 31…1). 비교하여 법인세법 기본통칙 23 - 31…1
제1호 이외의 사유로서 기존건축물을 철거하는 경우 기존건
축물의 장부가액과 철거비용은 수익적 지출로 한다(법인세법
기본통칙 23 - 31…2).

⑤ 할부이자상당액의 토지가액 포함 여부

　토지 매매대금을 분할납부하면서 할부이자를 별도로 부담하
기로 약정한 경우, 그 할부이자는 매입부대비용으로 보아 해
당 토지의 취득가액에 포함하는 것이다(법규법인 2009 - 72,
2009.4.8.). 토지의 중도금 등을 미지급함으로써 추가로 지불
하는 연체이자상당액은 지출한 날이 속하는 사업연도의 소득
금액 계산상 손금에 산입하는 것이나, 당초 할부계약조건에
따른 이자상당액은 해당 토지가액으로 처리한다(법인 46012
- 980, 1994.4.4.).

⑥ 토지 등에 부과되는 재산세

법인이 판매를 목적으로 취득한 토지 등을 보유하고 있는 경우 동 토지 등에 부과되는 재산세 등(취득세와 등록세는 제외한다)은 각 사업연도의 소득금액 계산상 손금에 산입하는 것이다(서이 - 1695, 2005.10.21.).

④ 건설자금이자

법인세법상 건설자금이자의 범위는 그 명목 여하를 불문하고 사업용 고정자산의 매입, 제작, 건설에 소요된 것이 분명한 차입금의 이자 또는 이와 유사한 성질의 지출금, 지급보증료, 지급수수료 등을 말한다. 법인세법상 건설자금이자는 기업회계기준의 그것과 차이가 있다. 기업회계기준에서는 고정자산뿐만 아니라 투자자산 및 제조 등에 장기간이 소요되는 재고자산도 포함되나 법인세법에서는 고정자산만 해당한다(법령 제52조 제5항). 따라서 회계감사를 받지 않는 경우 건설회자의 자체사업 또는 개발회사의 분양사업은 건설자금이자를 계상하지 않는 경우가 대부분이다. 물론 취득세 신고시 과세표준에 산입하는 건설자금이자는 별개의 문제로 제7장에서 다루기로 한다.

법인세법과 기업회계기준의 건설자금이자의 차이점

구 분	법인세법	기업회계기준
고정 자산	취득을 위하여 차입한 것이 분명한 차입금에 대해서만 건설자금이자로 계상함	특정차입금이 있으면 특정차입금이자로, 특정차입금이 없으면 회사평균 이자율로 계산한 이자비용을 금융비용자본화 함
재고 자산	법인세법상 건설자금이자 계산대상이 아님	건설자금이자계산대상이며 계산방법은 상기와 같음
토 지	고정자산인 토지자체의 취득 완료시까지만 특정차입금에 대하여 계산	특정차입금이 없어도 계산하며 취득시까지는 물론 취득완료 후에도 건물 준공 시까지 계속하여 건물원가에 산입하도록 함

⑤ 설계비와 감리비

예전에는 설계, 감리용역이 모두 부가가치세 과세대상이었다. 건축설계 및 건축감리용역은 사업서비스업 중 건축설계 및 관련서비스업으로 분류된다. 이에 따라 건설업이 아니라고 보는 시각이 지배적이었기 때문이다. 그러나 2003.7.1. 이후 공급분부터 건설용역(조특법 제106조 제4항 제2호)에 추가하여 건축사법에 의하여 등록한 자의 설계용역(조특법 제106조 제4항 제3호)이 면세대상이 되었다(2009.2.4. 최초로 계약을 체결하여 공급하는 분부터 전력기술관리법, 소방시설공사업법, 기술사법 및 엔지니어링기술진

흥법에 의하여 등록 등을 한 자의 설계용역도 면세된다). 그러나 감리용역은 국민주택건설용역에 해당되지 아니하므로 세금계산서를 교부받아야 한다. 건축사법에 따르면 설계와 감리는 건축사의 주업무이다. 그러나 감리는 시공현장의 검측과 확인(품질 등) 등의 업무인 관계로 국민주택건설용역에서 제외된 것으로 이해된다.

⑥ 인·허가승인 조건부 부담금

주택건설사업을 진행하기 위해서는 지방자치단체장, 공공단체장, 행정기관 등에서 여러 가지 부담금의 납부 또는 설치 등을 요구하게 되는데, 이러한 요구에 의하여 부담금을 납부 또는 설치하는 조건에 의하여 사업승인을 얻는 경우가 대부분이다. 따라서 건설사업시 부담하는 각종 부담금은 공사원가계정에 처리하여야 하며 그 내역은 다음과 같다.

① 상·하수도 부담금 (하수도법 제61조)
　　상수도법 및 하수도법에 따라 원인자부담금의 형태로 부과하는 금액이며 부담금에 대한 세부적인 기준은 각 지자체에 따라 조례에 의해 결정한다.
② 광역 교통시설 부담금 (대도시권 광역교통 관리에 관한 특별법 제11조)
　　대도시권의 교통 문제를 효율적으로 대처하기 위하여 부과되

는 것으로 주거용 건물에 부과되며 대도시권으로 정해진 곳에만 부과된다.

③ 과밀 부담금

수도권에 과도하게 집중된 인구 및 산업의 적정 배치를 유도하여 수도권의 질서 있는 정비와 균형있는 발전을 도모하기 위한 부담금이다. 신축면적에서 일정면적(주차장면적 및 기초 공제면적)을 차감한 면적에 해당하는 표준건축비의 5~10%를 부담한다.

④ 학교용지부담금 (학교용지 확보 등에 관한 특례법 제5조)

개발사업(100가구 규모 이상의 주택건설용 토지를 조성하거나 공동주택을 건설하는 사업)에 대하여 시도지사 등이 학교용지를 확보하거나 학교용지를 확보할 수 없는 경우 가까운 곳에 있는 학교를 증축하기 위하여 시행자에게 징수하는 경비로 분양가격의 0.8~1.4%를 부과한다.

유의할 점은 사업자가 부담할 부담금 중 학교용지부담금은 착공이 되어도 분양 및 미분양에 따라 부과되므로 유의하기 바라며, 각종 부담금 중에 환수되는 부담금 등이 있다. 이 경우 공사원가에서 차감시켜야 하며 취득세 과세표준에서도 제외하여야 한다.

제**3**장
수익의 인식

① 단순도급사업의 매출인식

장기도급공사에서 기성금의 청구와 매출의 인식은 아무런 관련
이 없다. 기성금이란 공사 진행 과정에서 현재까지 완성된 정도에
따라 지급하는 공사금액으로, 건설공사에 있어서 실제로 자재를 사
용하여 이루어진 분량을 기성부분이라 하며 기성부분(공사진척도)
에 대하여 계약서·설계서 기타 관계 서류에 의하여 검사를 한 후
발주자가 원사업자의 자금 공급을 원활하게 하기 위하여 그 대가
를 지급하는 것을 말한다. 즉, 기성금은 세금계산서 등의 청구금액
을 의미하는 것일 뿐, 매출을 인식하는 과정이 아니다.

1) 실행의 개념

전문 분야에는 전문가가 있고 전문가들은 전문 용어를 사용한다.
건설업에서는 '실행'이 대표적인 전문 용어이다. 건설회사의 단순
도급은 진행률을 산정하지 않는 경우가 많다. 발생원가(재료비, 노

무비, 외주비, 경비)를 실행으로 나누어 진행매출을 인식한다.

▶ '실행'이 100보다 크면 적자가 나는 PJ이다.
▶ 발생원가를 '실행'으로 나누면 매출액이 나온다.
▶ 공사미수금이 계속 증가하면 '실행'을 점검하여야 한다.

재무회계 및 이를 준용하는 세무회계에서는 '진행률'을 사용하여 당기 매출액을 인식한다. 그러나 건설실무에서는 실행을 사용하며 사실상 진행률은 잘 등장하지 않는다. 건설업에서 실행은 가장 중요한 개념이며 가장 빈번히 사용하는 용어이다.

▶ 진행률 = 발생원가 / 총예정원가
▶ 실행 = 총예정원가 / 도급액

2) 실행(예산)이란?

발주자와 체결한 공사에 대해 제시된 계약조건, 설계도서, 시방서 등에 부합되는 목적물을 축조하기 위해 품질 및 안전을 고려한 원가 절감을 기할 수 있는 시공계획을 수립하여 적정한 이익을 확보할 수 있는가를 산출하는 사전 원가계산서이다. 실행예산은 도급공사를 수주할 때 제시하는 견적원가와 추후 수주가 확정된 이후 공사 집행단계에 가서 다시 세밀하게 검토된 시공계획과 과거 실적자료 등을 검토한 후 재편성한 예정원가를 의미한다. 비교하여 개산공사비는 공사비를 단위면적 또는 단위 기능별로 대략적인 공사비를 계산하는 것이다. 설계도 작성시 설계자가 하는 견적이 있는데, 이것은 공사가 예정되어 있을 때 행한다.

표5 TIP 공사견적의 종류

작성시기	작성자	내용
건축설계 시	건축주	개산공사비
설계도작성 시	설계사	공사예정비
입찰계약 시	입찰자	입찰 및 계약서
시공 시	시공자	실행예산

건축설계 시 건축주가 하는 개산공사비 견적이 있다. 개산공사비는 공사비를 단위면적 또는 단위 기능별로 정확하지는 않지만, 대략적인 공사비를 계산하는 것이다. 설계도 작성 시 설계자가 하는 견적이 있는데, 이것은 공사가 예정되어 있을 때 행한다. 입찰 계약 시에는 입찰에 응하는 입찰자가 계약을 체결하기 위한 견적을 산출한다. 즉, 마지막으로 시공할 때 건설회사가 작성하는 견적이 실행예산이다.

3) 재무회계와의 관계

실무에서 실행은 도급매출액을 산정할 때 이용한다. 즉, 공사원가를 먼저 산출하고 공사원가를 실행으로 나누어 매출액이 산출된다. 실무적으로 사용되는 실행예산이 대차대조표일 현재 기 발생된 공사원가와 대차대조표일 이후 발생이 예상되는 공사원가를 적절히 반영하고 있고 공사예정원가에 대한 추정이 체계적이고 합리적인 절차에 의하여 일관성 있게 이루어지고 있으며, 공사수행과정에서 얻을 수 있는 새로운 정보를 계속적으로 적절히 반영하고 있다면, 형식과 명칭에도 불구하고 공사예정원가로 이용될 수 있다. 이 경우 회사는 특별한 사유가 없는 한 회사가 선택한 방법을 계속적으로 적용하는 것이 타당하다(질의회신 2001 - 161 예정원가의 실무적 의미에 대한 질의).

② 자체사업(분양사업)의 매출인식

1) 건설회사의 자체사업

총공사예정원가에서 투입된 공사원가로 산정한다. 문제는 총공사예정원가의 범위에 관하여 이견이 많다는 점이다. 물론 합리적인 기준의 적용이 중요하지만, 합리적인 기준은 납세의무자 및 감사인, 처분청마다 다를 수 있는 것이므로 일관성 있는 기준이 더 중요하다고 하겠다.

저자가 강조하고 싶은 부분은 사업성 검토서가 총공사예정원가가 아니라는 점이다. 사업성 검토서는 기본적으로 "물량×단가"로 산정한다. 즉, 추정한 금액이며 객관적이고 합리적인 금액이 아니다. 총공사예정원가는 계약 또는 견적에 근거하여야 한다. 뿐만 아니라 사업성 검토서는 사업성을 판단하기 위한 자료이므로 적정이익률을 확보할 수 있는 지를 가름하기 위하여 수행한다. 따라서 비용을 크게 잡아야 변수에 대응할 수 있을 것이다. 즉, 사업성 검토서를 총공사예정원가로 사용한다면 진행률이 과소하게 산정되는 오류가 발생된다는 점은 쉽게 짐작할 수 있을 것이다. 따라서 사업성 검토서가 총공사예정원가를 산출하는 항목별 기준이 될 수는 있을 지라도, 총공사예정원가와 동일한 것으로 가정해서는 안된다(조심 2010중1663, 2012.4.10. 같은 뜻).

2) 진행률의 계산시 포함하는 공사원가

직·간접 공사비(간접공사비 시설인입비 및 미술품장식비 등), 설계비, 감리비, 각종 부담금(교통시설부담금 등), 보존등기비, 지역난방공사비 등 아래 "3) 진행률 계산시 제외하는 공사원가" 외의 대부분의 원가를 포함한다.

예를 들어 공사종료 시점에 인식되는 하자보수비는 '실제로 수행된 작업에 대한 공사원가'에 포함된다. 따라서 하자보수가 예상되는 경우에는 추정하자보수비를 공사진행률 계산의 기준이 되는 총공사예정원가에 포함하고, 공사가 종료되는 회계기간에 인식되는 하자보수비(하자보수충당부채전입액)는 당해 회계기간의 공사진행률 계산의 기준이 되는 누적발생원가에 포함하여야 한다(일반기준 16장 부록 실16.37).

또, 공사손실충당부채전입액(추정공사손실)은 진행률 계산에 사용되는 당기발생공사원가는 아니나 당기발생원가에 부가하여 기재하므로 당기공사원가에는 포함되며, 예상하지 못했던 공사원가의 추가적인 발생을 의미하므로 총공사예정원가의 증가를 초래한다. 즉, 공사손실충당부채전입액(추정공사손실)은 공사진행률 계산시 총공사예정원가에는 포함되나 실제 발생공사원가에는 포함되지 아니한다(일반기준 16장 부록 실16.32).

3) 진행률 계산시 제외되는 공사원가

토지원가, 모델하우스 건설비, 광고선전비, 분양대행수수료, 관리(토지)신탁수수료, 입주관리비, 건설자금이자 등은 진행률 계산시 제외한다. 공사진행률을 발생원가 기준으로 결정할 경우에는 실제로 수행된 작업에 대한 공사원가만 발생원가에 포함한다. 따라서 공사원가에는 포함되나 공사진행에 따라 직접 발생한 지출은 아니므로 공사진행률 계산의 기준이 되는 발생원가에서 제외되는 공사원가가 있을 수 있으며, 그 예는 다음과 같다(일반기준 16장 문단 16.48).

① 토지의 취득원가

　토지원가란 토지매입가액, 구건물 취득 및 철거비용, 토지취득과 관련한 대출업무주관수수료, 부동산 매입시의 자산신탁 자문용역비, 부동산 중개수수료, 토지형질변경 지목변경 용역비, 건물신축을 위한 옹벽 공사에 따른 토사제거, 정지공사비용, 구건물 안전진단비용, 건축물 조성을 위한 대지조성비용, 토지취득 후 공사 전 발생하는(각종 환경평가, 측량, 아파트사업성 평가), 농지전용부담금, 토공사 등을 말한다.

② 공사계약 전 지출(선급공사원가)

　공사원가에는 포함되나 실제 공사수행에 따라 발생한 지출은 아니므로 진행률 계산시에는 포함되지 않는 공사계약 전 지출의 예로는 수주비와 분양촉진을 목적으로 설립된 모델하우스 건립비 등을 들 수 있다(일반기준 16장 부록 실16.32).

③ 하도급 선급금

　아직 수행되지 않은 하도급 공사에 대하여 하도급자에게 선급한 금액은 진행률 계산시 제외하여야 한다. 공사도급계약에 따라 주고받는 선급금은 전체 공사와 관련하여 지급되는 공사대금의 일부이다. 도급인이 선급금을 지급한 후 도급계약이 해제되거나 해지된 경우에는 별도의 상계 의사표시 없이 그때까지 기성고에 해당하는 공사대금 중 미지급액은 당연히 선급금으로 '충당'되고 공사대금이 남아 있으면 도급인은 그 금액에 한하여 지급의무가 있다. 거꾸로 선급금이 미지급 공사대금에 '충당'되고 남는다면 수급인이 남은 선급금을 반환할 의무가 있다. 그러나 건설업종 표준하도급계약서(표준하도급계약서는 하도급법 및 업종 특성 등을 고려하여 법 위반을 최소화하고 계약서 작성시의 편의를 제공할 목적으로 공정거래위원회에서 보급하는 표준계약서)에는 선급금 정산에 관하여 아래처럼 기재하고 있다.

제37조 【발주자의 선급금】
④ 선급금은 기성부분의 대가를 지급할 때마다 다음 산식에 따라 산출한 금액을 정산한다.

선급금 정산액 = 선급금액 × (기성부분의 대가상당액 ÷ 계약금액)

따라서 일반적으로 갑이 을에게 10%의 선급금을 지급하였다면, 선급금을 우선 차감하고 남은 금액을 청구하는 것과 달리, 건설공사계약에서 기성고가 50%이면 선급금 5%가 여전히 남아있는 것이다. 따라서 적어도 결산기에는 선급금 잔액을 확인하여 외주용역비 등을 투입하도록 관리하여야 한다.

④ 자본화대상 금융비용 및 재개발 등의 이주 대여비 관련 순이자비용
⑤ 분양관련 원가 및 분양대행회사에 지급할 분양대행수수료(금감원 2004-076, 2004.12.31.)

⑥ 공사현장에 투입되었으나 아직 공사수행을 위해 이용 또는 설치되지 않은 재료 또는 부품의 원가. 단, 당해 공사를 위해 특별히 제작되거나 조립된 경우는 발생원가에 포함한다.

4) 진행률이 수정되는 경우

진행기준에서는 매 회계기간마다 누적적으로 공사수익과 공사원가를 추정하며, 공사수익 또는 공사원가에 대한 추정치 변경의 효과는 회계추정의 변경으로 회계처리한다. 즉, 변경된 추정치는 변경이 이루어진 회계기간과 그 이후 회계기간의 손익계산서상 인식되는 수익과 비용의 금액 결정에 사용된다(일반기준 16장 문단 16.57).

5) 사례의 구분

사례에서 자체사업과 단순시행사업의 총공사예정원가의 범위는 다음과 같다. 법률상의 해석에는 한계가 있으며, 이견도 있을 수 있는 바 저자의 사견 정도로 참조하기 바란다. 사업성 검토비용이 토지비인지 선급공사비인지는 이견이 있을 수 있을 것이다. 그러나 양쪽 모두 진행률에 비례하여 공사원가로 추인된다는 점에서 구분의 실익은 낮을 수 있다. 판단컨대 토지취득 여부를 결정하기 위한 사업성 검토라면, 토지비로 처리하는 것이 타당하고, 토지취득을 확정한 이후 사업의 진행을 위한 검토라면 선급공사비로 처리하는 것이 합리적이라고 여겨진다. 관련한 유권해석은 "사업타당성조사를 하여 토지매입 여부를 결정하기 위한 사전평가 용역비를 지급한 경우, 사업성이 있다고 판단하여 토지를 매입하기로 한 때에는 사전평가 용역비를 토지에 대한 매매계약을 하고 대금을 지급한 날이 속하는 사업연도의 토지원가에 산입하며, 사업성이 없는 것으로 판단하여 토지를 매입하지 않기로 결정한 때에는 사전평가 용역비를 사업성이 없는 것으로 판단하여 부지를 매입하지 않기로 결정한 날이 속하는 사업연도의 손금에 산입하는 것(조심 2010중1663, 2012.4.10.)"이라고 하여 토지비의 일부로 보고 있다. 다만, 실무에서 사업성 검토는 토지취득을 위해서만 이루어지는 것은 아니며, 취득할 토지의 매매계약 이후 시공사의 선정 및 자금의 조달을 위해서도 이루어지는 바, 반드시 토지비의 일부라고 잘라 말할수는 없다고 여겨진다.

표6 사례의 총공사예정원가 등

구분	자체사업(천원)	처리방법
용지비	20,000,000	재료용지
재료비	5,000,000	총공사예정원가 (단순시행사업인 경우 도급공사비)
노무비	5,000,000	
외주비	2,000,000	
경비	1,000,000	
설계비	1,000,000	총공사예정원가
감리비	1,000,000	총공사예정원가
옵션공사	1,800,000	총공사예정원가

구분	자체사업(천원)	처리방법
철거비	500,000	재료용지
인입공사비	900,000	총공사예정원가
각종부담금	10,000	총공사예정원가
중개사비	100,000	재료용지
법무사비	100,000	재료용지[3]
취득세_승계	929,200	재료용지
취득세_원시	679,716	총공사예정원가
보유세	200,000	당기비용
사업성 검토	100,000	선급공사비
회계사비_자금조달	200,000	당기비용 또는 현재가치할인차금
M/H건립비	200,000	선급공사비
M/H설치비	100,000	기타공사원가[4]
M/H철거비	20,000	기타공사원가
M/H임차료	20,000	기타공사원가
분양대행용역	1,500,000	당기비용
취급수수료	1,200,000	당기비용
이자비용	1,800,000	당기비용[5]
불공제부가세	482,015	당기비용(또는 건설원가)
기타판관비	59,069	당기비용
소계	45,090,000	

3) 토지취득을 위한 법무사비로 가정하였다. 보존등기를 위한 비용은 총공사예정원가를 포함하여야 할 것이다.
4) 세법상 모델하우스 건립비용은 원칙상 당기비용이고 기업회계기준을 수용하고 있다. 따라서 모델하우스 유지비용 역시 당기비용으로 처리하는 것이 타당하다는 의견이 있을 수 있다.
5) 세법상 재고자산의 특정차입금 이자비용은 건설자금이자 계상대상이 아니다.

사례의 경우 처리방법 항목별 비용은 아래와 같다.

표7 사례의 항목별 원가 처리방법

구분	금액(천원)	비 고
용지비	21,629,200	용지비는 진행률에 따라 공사원가로 투입한다.
선급공사비	300,000	선급공사비는 진행률에 따라 공사원가로 투입한다.
총공사예정원가	18,389,716	총공사예정원가는 진행률 산출의 근거가 된다.
기타공사원가	140,000	진행률과 무관하며 당기 공사원가로 투입한다.
당기비용	5,441,084	공사원가가 아니며 당기 비용으로 투입한다.
소계	45,900,000	

건설회사는 공사원가내역을 알고 있으므로 진행률 산정에 어려움이 없을 것이다(그러나 단순시행사업은 시공사의 진행률을 알기 어렵다는 문제가 있다. "3. 단순시행사업의 매출인식"에서 다루기로 한다).

6) 사례의 진행매출

사례를 상기처럼 구분하고, 진행률 및 분양률을 아래처럼 가정한다.

표8 사례의 분양률과 진행률

구분	20X1년	20X2년	20X3년	비고
누적분양률	80.00%	90.00%	100.00%	분양(누적)가액/분양(예정)가액
누적공사진행률	45.00%	100.00%	100.00%	누적공사원가(건물)/총공사예정원가(건물)

이 때 사례의 진행매출 및 기말잔액(토지, 선급공사비, 미완성공사)는 다음과 같다.

표9 사례의 진행매출 인식

(단위 : 천원)

	구분	20X1년	20X2년	20X3년	비고
수익 인식	**총분양대금**	51,000,000	51,000,000	51,000,000	분양(예정)가액
	누적분양대금	40,800,000	45,900,000	51,000,000	분양(누적)가액
	누적분양률	80.00%	90.00%	100.00%	
	누적공사진행률	45.00%	100.00%	100.00%	
	전기 누적수익	–	18,360,000	45,900,000	
	당기 누적수익	18,360,000	45,900,000	51,000,000	총분양대금×분양률×진행률
	당기 수익	18,360,000	27,540,000	5,100,000	IS 분양매출
	당기 청구액	15,300,000	25,500,000	10,200,000	(분양)선수금 발생
	당기 분양선수금 증감	-3,060,000	- 2,040,000	5,100,000	(분양)선수금 조정
건물	**총 공사예정원가(건물)**	18,389,716	18,389,716	18,389,716	
	누적 공사원가(건물)	8,275,372	18,389,716	18,389,716	
	당기 공사원가(건물)	8,275,372	10,114,344	–	MS 당기 공사비 투입(건물)

구분		20X1년	20X2년	20X3년	비고
용지	총 분양용지(토지)	21,629,200	21,629,200	21,629,200	
	누적 공사원가(토지)	9,733,140	21,629,200	21,629,200	
	당기 공사원가(토지)	9,733,140	11,896,060	–	MS 당기 건설 용지비
	기말 건설용지 잔액	11,896,060	–	–	BS 기말 건설 용지 재고액
선급	총 선급공사원가	300,000	300,000	300,000	
	누적 공사원가(선급)	135,000	300,000	300,000	
	당기 공사원가(선급)	135,000	165,000	–	MS 공사비투입 (선급공사)
	기말 선급공사 잔액	165,000	–	–	BS 기말 선급공사비
기타	총 기타공사원가	140,000	140,000	140,000	
	누적 공사원가(기타)	110,000	140,000	140,000	
	당기 공사원가(기타)	110,000	30,000	–	MS 당기 공사비 투입(기타)
누적 총 공사원가		18,253,512	40,458,916	40,458,916	누적공사원가
기말	기말 미성공사 재고잔액	3,650,702	4,045,892	–	누적 총 공사원가 ×미분양률
	당기 공사원가	14,602,810	21,810,214	4,045,892	누적총공사원가× 분양률
공사손익		3,757,190	5,729,786	1,054,108	당기수익– 당기공사원가

③ 단순시행사업의 매출인식

1) 실무적인 문제점

시행사가 법인세 신고를 위한 작업진행률 산정시 세금계산서 수취금액(공사대금 청구금액)을 기준으로 계산하였으나, 시공사의 공사진행률을 기준으로 재계산한 금액과의 차액을 추징한 사례가 많이 있다. 현행 유권해석은 시공사와 도급계약에 의해 아파트를 신축·분양하는 법인(시행사)이 예약매출로 인한 손익을 진행기준으로 인식하는 경우 시공사에 지급할 도급금액 중 해당 사업연도에 손금(분양원가)으로 계상할 금액은 법인세법 시행령 제69조에 따라 "시공사에 지급할 도급금액의 총액에 시공사의 작업진행률을 곱하고 분양계약률을 적용하여 계산한 금액에서 전기말까지 도급금액과 관련한 손금계상액을 차감하여 계산하는 것이고, 이 경우 시공사의 작업진행률은 법인세법 시행규칙 제34조 제1항 제1호에 따라 계산하는 것"으로 규정(사전법령법인-37, 2015.7.16.)하고 있다. 현실적으로 시행사가 시공사의 진행률을 확인할 수 있는 방법이 없으므로 감리확인공정률을 사용하는 경우가 많다.

2) 기성고에 의한 매출인식(기성고증명과 진행률 계산)

기업회계기준 문단 16.47에 의하면 공사진행률은 총공사예정원가에 대한 실제공사비 발생액의 비율로 계산함을 원칙으로 하되,

공사수익의 실현이 작업시간이나 작업일수 또는 기성공사의 면적이나 물량등과 보다 밀접한 비례관계에 있고, 전체공사에서 이미 투입되었거나 완성된 부분이 차지하는 비율을 객관적으로 산정할 수 있는 경우에는 그 비율로 할 수 있도록 되어 있다. 문단 16.47에서 규정한 이미 투입되었거나 완성된 부분이 차지하는 비율의 결정과 관련하여, 시공주가 확인한 기성고증명은 동 기성고증명이 공사의 실제 기성부분과 부합하고, 그 기성부분에 대하여 공사대금이 청구되어 그 대금의 지급이 확정되는 등 충분히 신뢰할 수 있는 경우에 한하여 이미 투입되었거나 완성된 부분이 차지하는 비율로 인정할 수 있다.

3) 단순시행사업의 진행률 산정을 위한 사견

단순시행사업자는 감리확인공정률과 도급공사비 세금계산서 수취내역을 비교하여 차액만큼 건축비를 기표하고, 익월 역분개하는 처리가 필요하다고 사료된다. 이는 진행률에 대한 과세관청과 납세의무자의 마찰을 피하기 위하여 건축공사비의 투입금액을 감리확인공정률과 일치시키기 위함이다. 세금계산서 수취가액이 진행률의 기준이 될 수 없고, 시공사의 진행률을 시행자가 확인할 수 없으므로 감리확인공정률만큼의 비용투입기표를 통하여 세무상 마찰을 제거할 수 있다고 여겨지기 때문이다. 이는 저자의 사견에 불과하므로 세무대리인 등은 세무조정 여부와 회계처리 여부를 납세의무자와 협의하여 결정하기 바란다.

④ IFRS적용하는 경우 특수문제

IFRS는 인도기준이 원칙이며, 진행기준을 적용하기 까다롭다. 실무상 기업이 진행기준을 적용하고자 하는 경우 1차 중도금 납부기일에 진행률이 10% 이하인 경우 지급청구권이 있으므로 진행기준을 적용하게 된다. 즉, 1차 중도금 납부기일에 진행률이 10%를 초과하는 경우 인도기준을 적용한다는 의미이다. 바꾸어 말하면 1차 중도금 납부기일에 진행이 많이 되었으면 진행기준을 적용할 수 없다는 아이러니한 결론에 도달한다. 이는 IFRS의 지급청구권 판단에 대한 문제 때문이다. 고객이 계약을 해제할 때 기업이 수취하는 위약금이 그때까지 기업이 수행을 완료한 부분을 충분히 보상하는 금액에 해당한다면, 그 기간 내내 집행가능한 지급청구권이 기업에 있다고 보는 것이다. 요약하면 진행률 10%가 되지 않으면 고객이 계약을 해지하여도 계약금(10%)을 몰취할 수 있으므로 기업에 청구권이 있다고 해석하는 것인데, 이는 회계기준원과 건설사의 치열한 타협(?)에 의한 절충안에 불과하고, 건설회사들이 진행기준을 매우 선호하고, IFRS회계기준원이 진행기준을 얼마나 꺼려하는지에 대한 양자 간의 입장차이를 볼 수 있는 부분이다.

1) 기간에 걸쳐 수익을 인식하기 위한 요건 [기준서 제1115호 "고객과의 계약에서 생기는 수익", 문단35 발췌]

다음 기준 중 어느 하나를 충족하면, 회사는 재화나 용역에 대한 통제를 기간에 걸쳐 이전하므로, 기간에 걸쳐 수익을 인식한다.

① 고객은 회사가 수행하는 대로 회사의 수행에서 제공하는 효익을 동시에 얻고 소비한다.
② 회사가 수행하여 만들어지거나 가치가 높아지는 대로 고객이 통제하는 자산(예 : 재공품)을 회사가 만들거나 그 자산가치를 높인다.
③ 회사가 수행하여 만든 자산이 회사자체에는 대체용도가 없고, 지금까지 수행을 완료한 부분에 대해 집행가능한 지급청구권이 회사에 있다.

2) 지급청구권의 판단 [기준서 제1115호 "고객과의 계약에서 생기는 수익", 문단32 및37 발췌]

① 식별한 각 수행의무를 기간에 걸쳐 이행하는지 또는 한시점에 이행하는지를 계약개시 시점에 판단한다. (문단32)
② 문단35(3)에 따라 지금까지 수행을 완료한 부분에 대해 집행가능한 지급청구권이 기업에 있는지를 판단할 때에는 ……(중략) …… 적어도 지금까지 수행을 완료한 부분에 대한 보상금액을 받을 권리가 계약기간에는 언제든지 있어야 한다. …… (후략) (문단37)

3) 회계기준원질의회신(2017-I-KQA015, 2017.11.23.) K-IFRS 제1115호 도입시 자체분양공사의 수익인식 방법 질의

고객이 계약을 종료할 수 있는 기간 중에는 고객이 계약을 종료하는 경우에 기업이 받을 권리가 있는 위약금으로 적어도 기업이 그 시점까지 수행을 완료한 부분에 대하여 보상할 수 있고, 고객이 계약을 종료할 수 없는 기간 중에는 고객이 계약의 해제를 요청하더라도 계약상 약속한 재화나 용역을 고객에게 계속 이전할 수 있는 권리가 기업에게 있고 고객에게 그 대가의 지급을 요구할 수 있다면, 기업회계기준서 제1115호 문단35(3)에 따라 지금까지 수행을 완료한 부분에 대한 지급청구권이 기업에 있다. 또한 같은 기준서 제1115호 문단B12에 따라 해당 지급청구권의 존재와 그 권리의 집행가능성을 판단하기 위해서는 계약조건을 보충하거나 무효화할 수 있는 법률이나 판례도 참고하여야 한다.

⑤ 분양률의 산정

법인이 상가 등을 신축분양함에 있어 층별·위치별·용도별 분양금액을 달리하여 분양하는 경우 분양되는 상가 등에 대한 각 사업연도 소득금액 계산시 취득가액은 원칙적으로 개별원가계산방법 또는 분양면적비율에 의한 안분계산방법에 의하는 것이나, 각 층별·위치별·용도별 분양금액이 다르고 전체 분양가액이 구체적으로 산정되었음이 사전 공시방법 등에 의해 명백히 확인되는 경우에는 총취득가액에 당해 사업연도에 분양된 건물의 분양가액이 총 분양예정가액에서 차지하는 비율을 곱하여 계산한 금액으로 할 수 있는 것이며, 이 경우 동 원가계산방법은 당해 건물의 분양이 완료될 때까지 계속 적용하는 것이다(서면법령법인 – 2476, 2016.10.7.). 실무적으로는 반드시 분양예정가액을 사용하여야 한다. 면적기준을 사용하면 진행기준과 인도기준을 함께 사용하는 경우(예를 들어 발코니는 인도기준, 공동주택은 진행기준을 사용하는 경우) 면적 기준의 적용이 불가능하다는 문제점이 발생하기 때문이다.

⑥ 주택공급에 관한 규칙

주택공급에 관한 규칙 제60조에 의하여 사업계획승인대상의 주택은 청약시 10%, 계약시 공급가격의 20%(청약금 10% 포함)와 중도금은 주택가격의 60%(전체공사비의 50% 이상이 투입된 때), 공급가격의 잔금은 입주시에 공급가격의 20%로 의무적으로 구분하여 매매계약을 하도록 되어 있다.

입주금은 아래의 구분에 따라 그 해당되는 시기에 받을 수 있다.

① 청약금 : 입주자 모집시
② 계약금 : 계약 체결시

③ 중도금 : 최초 중도금은 계약일부터 1개월이 경과한 후 받아야 하며, 분양주택의 경우에 건축공정이 전체공사비(부지매입비를 제외한다)의 50% 이상 투입되고 동별 공정이 30% 이상인 때를 기준으로 그 전후 각 2회(중도금이 분양가격의 30% 이하인 경우 1회) 이상 분할하여 받아야 한다. 다만, 기준시점 이전에는 중도금의 50%를 초과하여 받을 수 없다.

④ 잔금 : 사용검사일 이후. 다만, 동별 사용검사 또는 임시사용 승인을 받은 경우 또는 입주예정일까지 입주하지 아니한 경우에는 전체입주금의 10%에 해당하는 금액을 제외한 잔금은 입주일에, 전체입주금의 10%에 해당하는 잔금은 사용검사일 이후에 받을 수 있되, 잔금의 구체적인 납부시기는 입주자모집공고 내용에 따라 사업주체와 당첨자 간에 체결하는 주택공급계약에 따라 정한다.

제4장
자산과 부채

① 선급공사비

선급공사비란 공사의 원활한 진척을 위하여 공사비용을 먼저 지급할 때 처리하는 계정과목이다. 공사를 처음 시작하는 현장의 경우, 당장 필요한 각종 긴급자재 및 현장 운영비 지급을 위해 본사에서 현장에 자금을 선지급하며, 이 지급된 자금을 본사에서는 선급공사비계정으로 처리하게 된다. 선급공사비는 공사가 진행됨에 따라 또는 결산시에 공사원가로 대체되어 정산하게 된다.

1) **수주추진비 :** 자체사업 또는 단순시행사업에서는 발생하지 않을 것이다. 오로지 건설사의 도급사업(특히 도시정비사업)에서만 등장할 여지가 있으므로 설명을 생략한다.

2) **중요한 인·허가 비용 또는 사업성 검토비용 :** 계약 전 공사원가 중 특정계약의 체결을 위해 지출하였으나, 계약이 체결되지 않고 미래의 경제적 효익이 없는 지출은 당기 비용으로

처리한다. 다만, 특정계약의 체결가능성이 매우 높고 지출이 특정계약의 체결과 관련 있으며 식별가능하고 신뢰성 있게 측정할 수 있는 경우에는 선급공사원가로 자산처리한 후 계약이 체결된 후 공사원가에 가산한다. 수익과 비용을 대응시키고, 특정PJ와 관련이 깊어 매출원가(분양원가 및 공사원가)로 처리할 필요가 있으며, 진행률에 영향을 주지 않기 위하여 선급공사비로 처리할 수 있다.

3) M/H 건립비

분양계약 전의 모델하우스 건립관련 비용(특정 분양계약과 직접 관련된 경우에 한하며 회사홍보목적 등으로 상설로 운영되는 경우는 제외됨)은 공사계약전 지출로서, 개별적으로 식별이 가능하며 신뢰성 있게 측정될 수 있고 계약의 체결가능성이 매우 높은 경우 선급공사원가로 계상하며, 당해 공사를 착수한 후 공사원가로 대체하도록 규정하고 있다(일반기준 16장 문단 16.38 및 부록 실 16.26).

주택신축판매업을 영위하는 법인이 분양계약 전 지출한 모델하우스 설치비용은 그 비용이 확정된 날이 속하는 사업연도의 손금으로 한다. 다만, 해당 설치비용을 기업회계기준서 제12호에 따라 선급공사원가로 계상하고, 공사를 착수한 후 공사원가로 대체하는 방법으로도 처리할 수 있다(법인세법 집행기준 40 - 69 - 1). 모델하우스 건립비용은 세법상 원칙적으로 당기비용(판매부대비용)으로 보는 듯하다. 그러나 모델하우스를 건설한다는 점에서 건축비용이 될 수도 있고, 기업회계기준에 따라 선급공사비용이 될 여지도 있다. 기업회계와 일치시키고 진행률에 영향을 주지 않기 위하여 선급공사비로 처리하는 것이 타당할 것이다.

TIP 모델하우스의 건립과 매각

① 국민주택규모 이하의 아파트 모델하우스 건설용역

건설산업기본법·전기공사업법·소방법·정보통신공사업법·주택건설촉진법 및 오수·분뇨 및 축산폐수의 처리에 관한 법률에 의하여 등록한 사업자가 조세특례제한법 제106조 제1항 제4호에 규정하는 국민주택의 건설용역을 제공함에 있어서 해당 국민주택의 건설용역에 부수하여 모델하우스의 건설용역을 제공하는 경우에는 해당 모델하우스 건설용역에 대하여 부가가치세를 면제하는 것이나, 해당 모델하우스 건설용역만 별도로 제공하는 경우에는 부가가치세가 과세되는 것으로 해당 모델하우스의 건설용역이 국민주택의 건설용역에 부수하여 제공하는 것인지 또는 별도로 제공하는 것인지는 계약서 등 관련서류에 따라 사실판단할 사항이다(서삼 46015 – 12050, 2002.12.2.).

② 국민주택건설사업자가 주택분양이 끝난 후 매각하는 국민주택 모델하우스의 과세 여부

국민주택규모 이하 및 동 규모를 초과하는 아파트를 신축분양하는 과세·면세 겸영사업자가 동 아파트분양사업과 관련하여 취득한 모델하우스를 아파트분양이 끝난 후 매각하는 경우에는 국민주택을 초과하는 모델하우스는 과세대상으로, 동 규모 이하의 경우에는 면세대상으로 구분하여 세금계산서 및 계산서를 발급하여야 한다(부가 22601 –

272, 1992.2.29.).

③ 국민주택을 신축·분양하는 사업을 위한 모델하우스에 사용한 집기비
품을 매각하는 경우
사업자가 조세특례제한법 제106조 제1항 제4호에 따른 국민주택을
신축·분양하는 사업을 위해 설치한 모델하우스를 철거하면서 모델하
우스에서 사용한 집기비품을 매각하는 경우 해당 집기비품은 국민주
택 신축·분양사업에 부수되어 공급하는 재화에 해당하는 것이다(부가
-610, 2013.6.28.).

② 선급금_부동산

용지매입을 위한 계약금 중도금 등 단순사전지출은 선급금으로
처리하며, 차입원가를 자본화하지 않는다. 이후 착공시점에 토지원
가대체하게 되는데 실질적 소유권 획득 시점(잔금청산, 등기, 사용
개시 중 빠른날)에 용지는 재고자산으로 취득원가총액으로 인식하
며, 토지매입금액에 대하여 본계정("재료-용지")대체일과 착공일
자 중 늦은 날부터 차입원가를 자본화할 수 있다. 토지매입지출에
대한 차입원가자본화하는 경우에는 "미완성공사" 계정에 직접 가
산한다. 선급금 부동산 계정은 재고자산(주로 토지)을 매입하는 단
계에서만 등장하며 유형자산인 경우 아래 건설중인자산 계정을 사
용한다.

③ 건설중인자산

　건설중인자산(Construction in process)은 일종의 가계정으로 미완성 유형자산을 말한다. 건설중인자산은 사업용으로 사용할 유형자산의 건설을 위하여 소요된 재료비·노무비 및 경비뿐만 아니라 건설을 위하여 지출한 도급금액, 취득한 기계 또는 자본화한 금융비용 등을 포함하여 처리한다. 이러한 자기가 건설한 유형자산은 외부에서 구입한 자산과 같이 건설에 따르는 제비용과 건설 후 실제 사용 가능한 상태로 준비하는데 발생한 모든 관련 비용을 취득원가에 포함한다. 건설중인자산은 자가건설과 관련하여 지출한 재료비, 노무비, 제조간접비 등의 비용을 동 자산이 완성되어 본 계정에 대체시까지 경과적으로 처리한 계정이다. 건설중인자산은 영업목적에 사용될 때까지는 비용으로 배분할 수 없으므로 감가상각을 할 수 없다.

　건설중인자산은 유형자산으로 판매목적 부동산(재고자산)이 아니며, 건설회사나 분양회사에서 등장할 여지가 없을 것이다.

④ 재료용지

용지매입을 위한 계약금 중도금 등 단순사전지출은 선급금으로 처리하며, 이후 착공시점에 재료용지로 대체하게 되는데 토지매입 원가는 착공 후 공사진행률에 따라 하여 공사원가(용지비)로 인식하며, 미완성공사계정으로 집계한다.

준공 전 분양률이 100%에 미달하는 경우에는 결산시 "재료-용지" 잔액을 모두 용지비로 대체하여 미완성공사로 집계하여야 한다.

⑤ (미)완성공사

1) 미완성공사가 등장하는 경우

건설회사의 재고자산이란 준공 이전에는 "미완성공사" 준공 이후에는 "완성공사"를 사용한다. 도급사업의 경우 일반적으로 기말 재고자산이 없으므로, 건설사의 자체사업 및 시행사의 분양사업에서 분양률이 100%에 미달하는 경우에만 (미)완성공사가 등장하게 된다.

2) 회계학의 미성공사와 실무의 차이

이론상 회계학과 실무상 회계처리는 다소 차이가 있을 수 있다.

건설실무를 해본 적이 없는 사람이 건설업을 이해하려면 어쩔 수 없이 이론서에 근거하기 마련인데, 다른 용어를 같은 용어로 잘못 이해하면 건설업을 이해하는데 어려움이 따른다.

회계학의 미성공사와 실무의 미완성공사는 느낌은 비슷하지만 완전히 다른 개념이다. 실무에서 회계학의 미성공사가 등장하지 않는다.

① 회계학의 미성공사

회계학의 "미성공사"는 실무에서는 사용하지 않는 계정과목이다. 미성공사는 "매출채권의 가계정"이다. "미성공사"와 "진행청구액"을 합산하여 차변잔액은 "미청구공사"로 대변잔액은 "초과청구공사"로 표시한다. 그러나 이 경우 공사원가명세서를 따로 작성하지 않는 한 원가내역을 파악할 수 없게 된다. 즉, 원가취합기능이 미흡하다.

② 건설실무의 미완성공사

건설실무에서 사용하는 미완성공사는 "재고자산의 가계정"이다. 공사원가(재료비, 노무비, 외주비, 경비)를 집계하는 계정으로 기말에 판매되었으면 매출원가로, 미판매되었으면 기말 재고로 표시된다. 미완성공사계정이 바로 공사원가명세서를 의미하므로, 원가내역을 손쉽게 파악할 수 있다.

실무에서 미성공사(비)가 등장하는 경우 '매출채권의 가계정'으로 인식하기 보다, '재고자산의 가계정'으로 받아들이는 것이 혼선을 줄일 수 있을 듯하다.

⑥ 론(loan)과 PF

PF는 특정 프로젝트로부터 발생할 미래의 현금흐름과 프로젝트 자체의 자산가치를 기초로 하여 대출채권을 상환받기로 약정하고 프로젝트 시행에 필요한 자금을 제공하는 금융 기법으로 시공사의 지급보증 및 신용보강(책임준공 등)을 전제로 진행하게 된다.

개발사업은 주로 외부로부터 조달한 타인자본으로 이루어지는데 부동산 PF대출은 크게 '브릿지론(Bridge loan)'과 '본PF'로 나눌 수 있다. PF와 브릿지론 외에도 시공사의 대여금을 이용하기도 한다. 시공사는 시공권 확보를 위해 시행사에게 자금을 대여하기도 하는데, 제3자의 개입이 없고, 금융기관보다 금리가 낮다. 또한 대여금 변제 일정에 차질이 빚어져도 시공사와 협의가 가능하다는 장점이 있다.

1) Equity(자기자본)

시행사가 개발사업추진을 위하여 자기자본을 투입하는 것을 말한다. 보통, 토지비의 최소 10%를 시행사가 Equity로 투입하는 경우에, 금융기관 및 시공사가 해당 시행사와 사업을 추진할 수가 있다. 이 Equity는 사업완료(준공 및 입주) 이후에 시행사가 PF대출기관에 대출원리금 상환완료 및 시공사에 공사비를 지급완료한 다음에 시행이익과 함께 회수된다. 왜냐하면 시행사의 Equity(자기자본)가 들어가야 이 시행사가 사업추진에 대한 진정성이 있으며, 사업을 준공까지 안정적으로 끌고 갈 수 있다고 시공사와 PF대출기관이 판단하기 때문이다. 보통 사업시행자가 이 Equity를 자기자본으로 조달하나, 서울 및 수도권의 사업부지는 토지비가 상당하여, 시행사가 보통 토지비의 10%에 상응하는 토지비 계약금을 자기자본만으로 조달하기가 버거운 것이 현실이다.

이런 경우 시행사는 지분투자자를 모집하거나 금융기관으로부터 자기자본투자형식으로 투자를 받는 등 Equity차입금을 융통하여 이들과 사업이익을 공유하는 경우가 많다.

2) 브릿지론(Bridge loan)

토지매매과정에서 중도금 또는 잔금을 지급하기 위하여, 토지확보 및 사업인허가가 종료되지 않은 상태에서 실행되는 대출을 말한다. 즉, 브릿지론이라는 말 그대로, 본프로젝트금융(본PF) 실행 전에 토지주의 요구 등으로 추가계약금(상기 Equity 투입하여 시행사가 토지매매계약성립을 위해 토지주에게 계약 체결시 지급한 약 10%의 계약금 외에, 토지주가 추가적으로 요구하는 계약금), 중도금 또는 잔금 및 초기 사업경비(설계비 등 용역비)를 지급하기 위하여, 중간다리 연계(브릿지)역할을 할 대출을 받게 되고, 이를 브릿지론이라고 칭한다. 이 브릿지론은 향후 개발사업의 현금흐름이 아닌 본프로젝트금융(본PF)을 통하여 상환된다. 따라서 상환위험이 상대적으로 높은 편이며, 덜 보수적인 상호저축은행이나 여신전문금융회사 등이 취급한다. 보통 브릿지론의 단계에서는 시공사가 선정되지 않는다.

3) 본 프로젝트금융(본PF)

실무상 본 프로젝트금융(본PF)이라 하는 기한부대출(Term loan)은 토지소유권취득 및 사업인허가완료 이후부터 사업착공시점까지 실행되는 프로젝트금융으로 주로 기존연계대출(bridge loan)의 상환 및 사업비 등의 필요자금조달을 위한 금융이다.

본PF 단계에서는 인허가가 완료되고 시공사가 선정되어, 해당 시공사가 책임준공, 채무인수 등의 신용보강을 하게 되므로, 브릿지론보다 저금리로 대출이 가능하다.

본PF의 가장 큰 특징은 개발사업의 착공부터 준공 및 입주기간까지를 대출기간으로 하는(즉, 대출만기가 입주기간 이후에 도래하는) 장기대출이라는 점이다.

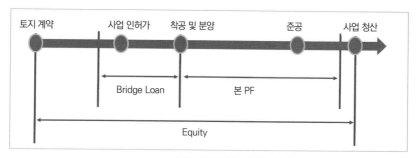

토지 계약　　　사업 인허가　　착공 및 분양　　　　　준공　　　사업 청산

Bridge Loan　　　　　　　본 PF

Equity

출처 : 건설업의 세무와 회계, 강상원, 2022, 조세통람사

제5장

부가가치세 신고

① 세금계산서와 부가가치세 신고

1) 매출증빙의 발행과 회계처리

표 10 세금계산서 발행과 매출인식 회계처리 (방법1)

구분	차변		대변	
매출증빙(세금계산서 등) 발행시	공사(분양)미수금	xxx	공사(분양)선수금	xxx
			매출VAT	xxx
공사대금 회수시	현금	xxx	공사(분양)미수금	xxx
진행매출 인식시	공사선수금	xxx	도급매출	xxx
결산마감 (선수금/미수금 상계)	공사(분양)선수금	xxx	공사(분양)미수금	xxx

상기처럼 세금계산서 등을 발행하거나 분양대금을 청구할 때 발행액 전체를 부채로 인식한다. 또한 청구대금을 회수할 때는 전체 금액을 미수금과 상계한다. 다시 말하면 청구금액과 회수금액는 건설회사의 매출과 아무런 관련이 없다(제3장 참조). 건설회사의 매

출은 진행기준에 의하여 산출한 금액(또는 실행으로 계산한 매출액)으로 한다.

실무에서는 기업에 따라서 세금계산서 등으로 청구한 금액에 선수금 대신 확정매출 계정을 만들어 사용하기도 한다. 이 경우 아래와 같이 기표된다. 세금계산서 등을 발행한 금액에 대하여 확정매출이라는 임시계정을 사용하고, 결산기에 진행매출로 전환하는 방법이다.

표 11 세금계산서 발행과 매출인식 회계처리 (방법2)

시점	차변	차변 금액	대변	대변 금액	비고
T/I 발행	공사(분양)미수금_청구	110	매출_확정	100	선수금 대신 확정매출을 쓰기도 한다.
			매출VAT	10	
A/R 회수	현금	100	공사(분양)미수금_청구	100	회수액 전체를 미수금으로 인식한다.
매출 인식	매출_확정	100	매출_진행	120	이 경우 도급매출을 진행매출과 확정매출로 구분해서 관리할 수 있다.
	선수금	20			

2) 건설회사의 부가가치세

건설회사에서 가장 중요한 세목은 부가가치세이다. 부가가치세는 PJ의 거래구도를 반영하고 현장 및 거래처와 긴밀히 연결되어 있기 때문이다. 우리나라의 부가가치세법은 기본적으로 제조업과 유통업을 중심으로 만들어져 있다. 이 때문에 건설업에 대한 세부적인 사항이 없는 경우가 많다. 그러나 오랜 역사 동안 수많은 예규와 판례로 이 부분을 보충하고 있다.

표12 건설회사의 사업유형별 과세구분

구분	사업	비 고
과세	국내건설공사 주택분양	주택분양, 해외공사는 세금계산서 교부의무가 없다.
영세율	도시철도공사 해외건설공사	
면세	국민주택건설 주택임대 토지분양	매출VAT가 없고, 관련 매입VAT도 공제받을 수 없다.

▶ 일반주택건설(과세 10%) : 일반주택의 건설은 세금계산서 교부대상이나 주택의 분양은 교부 면제한다.

▶ 국민주택건설(면세) : 국민주택의 건설은 계산서 교부대상이며, 국민주택의 분양은 교부 면제한다. 즉, 부가세법상 사업이 아니다. 따라서 부가가치세의 납부나 환급이 없다.

▶ 도시철도공사(과세 0%) : 매출부가세는 없지만 매입부가세는 환급받는다.

▶ 해외건설공사(과세 0%) : 해외 발주처에 대한 세금계산서는 교부 면제한다.

따라서 부가가치세신고서에는 일반주택의 분양과 관련한 내용만 들어오며 국민주택의 분양에 관한 내용은 매출에서 빠져있다. 국민주택의 분양에 관한 내용은 매입세액불공제항목에만 영향을 미치게 된다.

3) 사례의 경우

사례는 주택의 경우 공급면적당 3천만원에 분양하며, 근생시설은 계약면적당 4천만원에 분양한다. 또한 발코니는 전세대(60세대)가 모두 확장하는 것으로 하였으며, 발코니확장 공급가액은 계약당 3천원으로 가정한다. 분양가액 및 발코니공급가액에서 부가가치세는 제외한 것으로 가정한다.

표13 사례의 공급가액

구분	수량단위	수량	단가(천원)	금액(천원)
아파트	공급면적(평)	1,600	30,000	48,000,000
근생시설	계약면적(평)	30	40,000	1,200,000
발코니	세대수	60	30,000	1,800,000
소계				51,000,000

분양가액에서 토지와 건물의 비율에 따라 매출부가세가 결정된다. 토지와 건물의 가액비율은 주택공급에 관한 규칙을 따르거나,

부가가치세 산정용 감정평가에 의하여 결정되는 경우가 많다. 토지와 건물의 가액은 분양계약서에 구분하여 기재된다. 해당 쟁점이 있으며 판관비등의 안분기준과 이어지는바 제6장에서 다루기로 한다.

분양가액의 30%를 토지가액으로 가정할 경우 사례의 매출부가세는 아래처럼 산정된다.

표14 사례의 매출부가가치세

구분	세대/호	전용면적(㎡)	공급면적(㎡)	분양가	토지가	건물가	건물VAT
24평형	30	60	70	19,050,750,000	5,715,225,000	13,335,525,000	
30평형	20	80	100	18,150,000,000	5,445,000,000	12,705,000,000	
36평형	10	100	119	10,799,250,000	3,239,775,000	7,559,475,000	755,947,500
근생시설	1	50		1,200,000,000	360,000,000	840,000,000	84,000,000
발코니	60			1,800,000,000	-	1,800,000,000	180,000,000
소계		4,400	5,290	51,000,000,000	14,760,000,000	36,240,000,000	1,019,947,500

⚡ **TIP** 세대, 가구, 호

① 세대 : 건축법 시행령 별표1에 따른 공동주택용도가 공동주택(아파트, 연립주택, 다세대주택, 기숙사)에서 독립된 주거생활을 할 수 있는 각 부분을 세는 단위

② 가구 : 건축법 시행령 별표1에 따른 단독주택(단독주택, 다가구주택, 다중주택, 공관)인 일반건축물의 각 부분을 세는 단위

③ 호 : 집합건축물(용도가 주택이 아닌 1종 및 2종 근린생활시설, 업무시설 등으로, 구분 소유가 가능한 건축물)에서 1동의 건물을 여러 개의 구분된 부분으로 사용할 수 있을 때, 각 부분을 세는 단위

사례의 부가세 신고서(별지서식 제12호)에 따른 부가세 신고서를 요약하면 다음과 같다. 공사개요의 공사기간은 2년이지만 단일 신고로 가정하였다.

표 15 사례의 부가가치세 신고서

구분	내용	공급가액	세액	비고
매출	세금계산서 교부	2,640,000,000	264,000,000	근린생활시설, 발코니
	교부면제	7,559,475,000	755,947,500	일반주택분양
	소계	10,199,475,000	1,019,947,500	
매입	세금계산서 수취	10,952,449,100	1,095,244,910	세금계산서 수취
	매입세액 불공제	N/A	-482,014,952	공통매입세액 (제6장 참조)
	소계	10,952,449,100	613,229,958	
납 부			406,717,542	분기별 납부

② 선수금

원칙적인 경우 선수금(공사선급금)은 세금계산서 발급 대상이 아니다. 세금계산서는 재화·용역의 공급거래에서 발행되는데 선수금은 재화·용역의 공급 전에 이루어지는 자금거래이기 때문이다. 다만 특례에 의하여 발급할 수 있으며 건설업의 관행상 공사대금을 세금계산서로 청구하는바 실무상 선수금에 대하여 세금계산서를 발행하는 것이 일반적이다.

▶ 선수금에 대하여 세금계산서를 발행하지 않아도 아무런 문제가 없다.

▶ 선수금에 대하여 세금계산서를 발행한 경우 반드시 7일 이내 대금을 수령하여야 한다.

사업자가 완성도기준지급조건부로 예산회계법 제68조의 적용을 받지 아니하는 건설용역(관급공사)을 공급함에 있어 도급인으로부터 공사자금의 지원목적으로 선수금을 지급받고 동 선수금 중 작업진행률에 상당하는 부분을 확정된 기성고대금에 순차로 충당하기로 한 경우 동 선수금의 공급시기는 계약에 따라 확정된 기성고대금에 충당되는 때이다(부가 46015-1088, 1995.6.15.). 다만, 국고금관리법 등의 적용을 받는 공사의 경우에는 중간지급조건부에 해당되어 대가의 각 부분을 받기로 한 때이다.

선수금이 세금계산서 발행대상이 아닌 데 비하여 계약금은 세금계산서 발행대상이다. 선수금과 계약금은 법률적 성격이 다른 것이므로 구별되어야 한다.

선금의 법적성격(국심 95경0569, 1995.10.13.)에 관하여 선금이 계약금의 성질일 경우에는 대가를 받기로 한 때이나 선급금(선급공사대금)일 경우에는 기성대금에 충당되는 때이다. 이 경우 선급공대대금이 되기 위해서는 ① 하도급계약서에 선급금으로 표시되어 있고, ② 하도급계약서 본문에 선금에 대한 정산규정이 있어야 하며, ③ 계약이 해약될 때에는 계약금을 교부한 자는 이를 포기하고 수령자는 배액을 상환하여야 하는 해약금(민법 제565조)의 성질을 갖고 있어야 한다.

본문 제22조 【선급금】
 ④ 선급금은 계약목적 외에 사용할 수 없으며, 노임지급 및 자재확보에 우선 사용하도록 한다.
 ⑤ 선급금은 기성부분의 대가를 지급할 때마다 다음 산식에 의하여 산출한 금액을 정산한다.

　선급금 정산액 = 선급금액 × (기성부분의 대가 상당액/계약금액)

본문 제25조 【계약해제, 해지】
 ⑤ 갑 또는 을은 제1항에 의한 계약의 해제 또는 해지로 손해가 발생한 때에는 상대방에게 손해배상을 청구할 수 있다.

계약금이란 재화 또는 용역의 공급이 완료되면 반환할 것을 조건으로 지급하는 경우와 공급대가의 일부로 충당되거나 상계할 것을 예정하고 지급하는 계약금을 말하는 것으로(조법 265.2-701, 1982.6.5.), 공급대상물이 확정되지 않은 상태에서 받는 청약금은 계약금올 보지 아니한다(부가 46015-2266, 1997.10.1.). 완성도 기준지급 또는 중간지급조건부로 재화를 공급하거나 용역을 제공함에 있어서 그 대가의 일부로 계약금을 거래 상대방으로부터 받는 경우에는 해당 계약조건에 따라 계약금을 받기로 한 때를 그 공급시기로 본다. 이 경우 착수금 또는 선수금 등의 명칭으로 받는 경우에도 해당 착수금 또는 선수금이 계약금의 성질이 있는 때에는 계약금으로 본다(부집 9-21-2).

③ 발코니의 과세문제

'발코니'란 건축물의 내부와 외부를 연결하는 완충공간으로서 전망이나 휴식 등의 목적으로 건축물 외벽에 접하여 부가적(附加的)으로 설치되는 공간을 말한다. (반면 테라스란 정원의 일부를 높게 쌓아올린 대지(臺地)를 말하는데, 옥외실로서 이용된다) 2005.12.2. 건축법 시행령의 개정으로 발코니는 필요에 따라 거실·침실·창고 등의 용도로 사용할 수 있게 되어, 발코니 확장공사가 합법화되었다.

1) 증빙교부 문제

이후로 발코니는 과세상 여려 쟁점을 탄생시켰다. 사업가 아닌 개인에게 주거용 건물을 공급(분양)하는 경우 세금계산서 교부의 무가 없다. 다만, 주거용 건물 이외에는 주민등록번호로 세금계산서를 교부하여야 한다. 처음 시작된 것은 발코니공급에 대한 증빙교부의 문제였다.

▶ 2008년 : 대법원 발코니는 주택이 아니므로 세금계산서 교부면제에 대항하지 않음(대법원 2008.5.15. 등) → 세금계산서 대상
▶ 2012년 : 부가가치세법 시행규칙 주거용 건물 수리/보수 및 개량업 영수증 교부대상으로 추가(부가가치세과-528, 2012.5.9.) →영수증 대상
▶ 2014년 : 실내건축 및 건축마무리 공사업종을 현금영수증 발행대상으로 추가(소법 시행령 별표 3의2) →현금영수증 대상

인테리어업의 등록 여부에 불구하고 통계청이 한국표준산업분류표상 건설사가 인테리어 업종을 영위하고 있다고 해석할 수 있는바 세금계산서 또는 현금영수증 발행하여야 하고 실무적으로는 세금계산서를 발행하는 경우가 많다.

기존 예규상 논란 및 수분양자들의 현금영수증 발급 요구로 인해 혼선이 있었으나, 2012년부터 부가세법 시행규칙에 영수증 발급

대상에 주거용 건물 수리·보수 및 개량업을 명문화하여, 영수증 발급 대상으로 명확히 하였다. 그러나 2013년에도 발코니를 세금계산서 발행 대상으로 보는 심판례(조심 2013중4048, 2013.11.22.)가 꾸준히 생산되었으며 2014년부터 법인세법 제117조의 2에 따라, 주로 사업자가 아닌 소비자에게 재화 또는 용역을 공급하는 사업자로서 업종 등의 요건에 해당하는 현금영수증가입대상법인은 그 요건에 해당하는 날부터 3개월 이내에 현금영수증가맹점으로 가입하여야 한다. 이 때, '업종 등의 요건에 해당하는 법인'이라 함은 소득세법 시행령 별표 3의 2에 따른 소비자상대업종을 영위하는 법인을 말하며 실내건축 및 건축마무리 공사업은 소비자상대업종에 해당한다.

업종의 구분은 통계청에서 제정하는 한국표준산업분류를 기준으로 하며 한국표준산업분류는 사업체에서 주로 수행하는 산업활동을 그 유사성에 따라 유형화한 것으로 '산출물의 특성, 투입물의 특성, 생산활동의 일반적인 결합형태'에 의하여 분류된다.

이때, 생산 단위의 산업활동은 일반적으로 주된 산업활동, 부차적 산업활동 및 보조적 활동이 결합되어 복합적으로 이루어진다. 따라서 사업자등록증상 주된 업종만 등록되나, 과세관청의 입장(공평과세)상 사실상 실내건축 및 건축마무리 공사업을 등록하지 않았다 하더라도 사실상 해당 업종을 영위하는 경우 현금영수증발행대상업종을 영위하는 것으로 볼 수 있다.

법문(법인세법 제117조의 2)상 사업자에게 세금계산서를 발행하는 경우 현금영수증발행의무를 면제하고 있으나 예규(재소득 -547, 2011.12.21.)상 비사업자에게 세금계산서를 발행하는 경우(주민등록번호 발행)에도 현금영수증 발행의무를 면제하고 있으므로 세금계산서를 발행하여 리스크를 제거하는 것이 타당하다. 법인세법 제117조의 2의 취지는 현금영수증가맹점 확대를 통한 과세표준양성화를 도모하기 위한 것이며 동 거래에 대하여 회사는 세금계산서를 발급하며 소비자는 취득세 과세표준 신고 시 포함하는 바, 매출누락이 없어 현금영수증을 발행하지 않더라도 동법 취지에 반하지 않는다고 여겨진다.

2) 부가가치세 과면세 문제

시행사가 수분양자에게 제공하는 발코니확장 대가는 과세대상이고, 시공사가 시행사에게 국민주택건설용역과 함께 제공하는 발코니확장공사는 면세대상 국민주택건설용역의 부수용역에 해당하지 않아 100% 과세대상이다(법규부가 2014-266, 2014.3.25.). 따라서 건설회사의 경우 공사도급계약서에 반드시 본공사에 대한 대가와 발코니 확장공사의 대가를 구분기재하고 과세분에 대한 세금계산서를 발급(부가세를 거래징수)하여야 한다.

조심 2019중180, 2019.10.30. : 국민주택 공급시 발코니를 확장하여야 하는 것은 아니고, 국민주택 공급 후에도 발코니 확장이 별개의 용역으로 공급될 수 있으므로, 발코니 확장은 국민주택의 공급에 필수적인 사항이 아닌 점, 실제 청구법인은 주거공간 공사대금과 별개로 쟁점 발코니 확장공사 부분의 용역대금을 산정하여 수령하였으므로, 쟁점 발코니 확장공사는 주거공간 공사에 통상적 또는 필수적으로 부수된다고 볼 수 없는 점, 주거공간 공사와 쟁점 발코니 확장공사는 별개의 용역으로 구분되고, 각각의 건설원가를 산출하여 용역대금을 별개로 수령한 사실이 인정되므로, 하나의 도급계약을 체결하였다고 하더라도 전체 공사대금에서 쟁점 발코니 확장공사비를 정산하여 계산하는 방법으로 각각의 공급가액을 구분 산정하는 것이 충분히 가능한 것으로 보이는 점 등에 비추어 쟁점 발코니 확장공사는 주거공간 공사와 독립된 별개의 거래로 부가가치세 과세대상에 해당된다고 보이므로 청구주장을 받아들이기 어려움(기각)

조심 2019전2294, 2020.3.12. : 청구법인이 발코니 확장이 국민주택아파트의 공급에 필수적으로 부수되는 것으로서 부가가치세 면제대상에 해당한다고 잘못 판단하였다 하더라도 이는 단순한 법령의 부지나 오해에 불과하여 신고·납부의무 등을 이행하지 아니한 데에 정당한 사유가 있다고 보기 어려우므로 처분청이 청구법인에게 신고불성실가산세 등을 적용하여 부가가치세를 과세한 이 건 처분은 달리 잘못이 없다고 판단됨(기각)

3) 실무상 발코니 매입세액의 문제

하도급계약서에서 발코니 공사계약을 별도로 하거나, 구분하지 않는 경우 발코니 관련 원가의 구분이 쉽지 않다. 예를 들어 발코니 확장공사를 하는 경우 외주업체 A가 콘크리트를 일괄적으로 타설한다. 외주업체 B가 보일러 호일을 일괄적으로 시공한다. 외주업체 C가 일괄적으로 마루 공사를 시공한다. 외주업체 D가 단창을 설치한다. 상기 A~D 건설업체가 제공하는 용역은 건설용역이므로 발코니를 제외한 주택의 면적에 따라 세금계산서나 계산서를 교부할 것이다. 그나마 바닥 쪽은 연면적 기준을 강요할 수도 있다. 그럼 벽공사, 전기공사, 미장공사, 조명공사는 어떻게 할 것인가의 문제가 다시 남는다. 발코니는 크게 안방 쪽, 주방 쪽, 거실 쪽으로 구분할 수 있다. 주방 쪽 발코니 확장의 경우 주방가구가 커지게 된다. 그러면 주방가구도 발코니 공사에 포함시켜야 할지의 문제가 또 남게 된다. 준공 후 아파트에 별도 인테리어 업자가 발코니 확장 공사를 하는 경우는 가액적인 구분이 명확하다. 그러나 건물준공 이전에 주택건설과 함께 공급되는 발코니 공사에 세법상 공급대가를 구분하는 것은 인위적이고 작위적인 방법으로 허구의 숫자를 산출하는 과정을 거치게 된다. 따라서 발코니 확장공사의 매출세액이 부가가치세법에 따른 과세인 것과 별개로, 신축단계에서 관련 매입세액을 산출하는 것은 매우 어려운 일이 된다.

④ 오피스텔의 과세문제

1) 오피스텔 적용법률

오피스텔은 건축법을 따르며 아파트는 주택법을 따른다. 오피스텔을 분양하는 경우 항상 세금계산서를 발행하는 것이 좋다. 가장 결정적으로 오피스텔은 주택법상 준주택으로 분류되어 주택이 아니다[6]. 따라서 수분양자가 사업자인 경우 사업자등록번호로 발급하며, 수분양자가 비사업자인 경우 주민등록번호로 발급하여야 한다.

세법상 주택은 상시 주거용 건축물을 말하므로 용도기준인바, 주거용 오피스텔의 경우 주택으로 볼 여지가 없지도 않다고 여겨질 수도 있다.

2) 사실상 주거용 여부

주방, 욕실이 있고 바닥난방 시설이 있는 오피스텔을 흔히 주거용 오피스텔이라고 부른다. 그러나 이는 법률상의 구분이 아니다. 시행사가 오피스텔을 '주거용'으로 명기하여 분양하는 경우가 있다. 업무용 시설을 주거용으로 판매하는 것은 분양사기까지는 아니라 하더라도 허위·과장광고로 손해배상책임 및 과태료가 따른다.

---

6) 주택법상 준주택에는 고시원, 기숙사도 포함된다. 주택법상 준주택 중 오피스텔만 제외하여 교부면제 또는 부가가치세 면세로 처리하기에는 무리가 따르는 듯하다.

주택이라 함은 공부상 용도 구분에 관계없이 사실상 주거용으로 사용하는 건물을 말하는 것(조심 2010전1566, 2010.10.25.)인바, 건축허가, 용도변경, 사업자등록여부, 일반건축물대장은 사실관계를 입증하는 서류가 아니다. 부가가치세가 면제되는 국민주택의 공급은 「주택법」에 따른 국민주택규모 이하의 공급에 한해 적용되는 것이므로 오피스텔, 생활형 숙박시설, 원룸 등은 「주택법」에 따른 주택에 해당하지 아니하여 과세대상에 해당한다. 2017.12.20. 조세심판원 합동회의 이전 "사실상의 주택으로 사용하는 경우 국민주택으로 보아 면세대상에 해당한다."는 기존 심판례를 신뢰하여 오피스텔에 대한 부가가치세를 신고하지 않은 경우 과소신고가산세와 세금계산서미발급가산세를 적용하지 않은 심판례(조심 2019인3127, 2020.2.4.)가 다수 있다.

건축법 및 주택법에 따른 주택의 구분

건축법상 분류	주택법상 구분
단독주택	
다중주택	단독주택
다가구주택	
아파트	
연립주택	공동주택
다세대주택	
기숙사	
다중생활시설	준주택
노인복지주택	(주택법상 주택이 아님)
오피스텔	

⑤ 준공

1) 의의

'준공'이란 건설의 전체 공사과정이 완료된 것을 말하고, '준공검사'란 건축물의 건축 또는 공작물의 설치, 토지의 형질 변경, 토석의 채취를 위한 개발행위를 허가받은 사람이 그 개발행위를 마친 후에 받는 검사를 말한다. 「국토의 계획 및 이용에 관한 법률」 제62조는 건축물의 건축 또는 공작물의 설치, 토지의 형질 변경, 토석의 채취에 대한 개발행위허가를 받은 자는 그 개발행위를 마치면 특별시장·광역시장·특별자치시장·특별자치도지사·시장 또는 군수의 준공검사를 받아야 한다고 규정하고 있다.

이 준공검사를 받아야 하는 자는 당해 개발행위를 완료한 때에는 지체없이 개발행위준공검사신청서에 준공사진, 지적측량성과도, 관계행정기관의 장과 협의에 필요한 서류를 첨부하여 특별시장·광역시장·특별자치시장·특별자치도지사·시장 또는 군수에게 제출하여야 한다(국토의 계획 및 이용에 관한 법률 시행규칙 제11조 제2항).

비교하여 사용승인이란 법령 등에 의해 규제를 받고 있는 토지나 건물 등의 사용을 특히 인정하는 것, 혹은 신축된 건물이 건축 기준법 등에 적합하다는 것을 확인하여 사용을 인정하는 것을 말한다. 세법에서 준공이란 취득한 날, 취득관련 거래가 종료한 날, 용역제공 완료일, 사용가능한 날의 의미를 가지고 있다.

2) 준공일은 세금계산서 발행 마감일

준공일까지는 발주처 및 하도급업자 간 세금계산서 발행을 모두 종결하여야 한다.

용역의 공급시기는 역무가 제공되거나 재화·시설물 또는 권리가 사용되는 때로 한다(부가가치세법 제9조 제2항). 역무제공완료일이란 여기에서 역무제공의 완료 시는 거래사업자 사이의 계약에 따른 역무제공의 범위와 계약조건 등을 고려하여 역무의 제공사실을 가장 확실하게 확인할 수 있는 시점, 즉 역무가 현실적으로 제공됨으로써 역무를 제공받는 자가 역무제공의 산출물을 사용할 수 있는 상태에 놓이게 된 시점을 말한다(대법원 2008두5117, 2008. 8.21.). 즉, 건설공사가 완료되는 날이나 공사완료일이 불분명한 경우 사용승인일이 공급시기가 된다. 건설공사의 완료시점인 사용승인일은 다음과 같이 확인 가능하다.

① 건설공사 도급계약서상 준공(예정)일
② 인허가권자가 발급한 사용승인서
③ 하자이행증권의 하자보증기간의 개시일 전일(건설공제조합, 서울보증보험)
④ 건축물관리대장

▶ 준공일 이후에는 정산합의서 등으로 변경된 계약금액에 대한 세금계산서만 발행할 수 있다.
▶ 계약서상 발주처가 검수한 때를 도급계약 완료로 보는 경우 준공일은 검수일이 된다.

잔금에 대한 공급시기는 원칙적으로 공사완료일이나 공사완료일이 불분명한 경우 사용승인일이 된다. 따라서 준공일 이후에 대금을 지급받기로 한 경우에도 준공일이 공급시기가 된다.

　다만, 다음의 경우에는 입증하면 예외적으로 세금계산서를 발행할 수 있다. 그러나 입증책임이란 사실관계가 애매한 경우 납세의무자가 진다는 뜻이다. 단순히 자료를 제출한다고 입증책임이 면해지는 것이 아니다. 과세관청이 제시한 자료보다 압도적으로 명확히 입증될 때 겨우 세무 리스크가 제거되는 것이다.

　1) **사용승인 후 마무리공사가 진행되는 경우** : 통상적으로 건물의 사용승인일이, 건물에 대하여 사용승인을 받은 후에도 마무리공사 및 보완공사를 진행한 것이 확인되는 경우에는 실제 공사완료일을 공급시기로 본다(국심 2004중1994, 2004.10.29.). 이 경우에는 사용승인 후에도 공사가 진행된 사실을 작업일보, 원자재 투입내역, 현장사진 등으로 입증이 필요하다. 이자비용을 절약하고, 영업을 조기에 개시하기 위해 준공검사에 필요한 투숙과 관련된 주요 내·외 시설 식재, 쟁점공사의 감리자가 제출한 추가공사 후 사진을 보면 영업개시일 이후의 공사진행 사실을 알 수 있으므로 실제공사 완료일이 건설용역의 공급시기에 해당된다(조심 2012서4140, 2012.12.31.).

　2) **검사합격통보일** : 건설용역에 대하여 검사를 거쳐 대가의 각 부분의 지급이 확정되는 경우에는 검사 후 대가의 지급이 확정되는 때를 공급시기로 보아야 할 것인바, 준공검사 담당 공

무원이 현장에 나가 준공검사를 시행한 후 관련 검사 및 내부 결재를 거쳐 검사합격사실을 통지하고, 청구법인의 대금청구에 대하여 대금청구의 타당성을 검토하여 대금지급 청구내용을 수락한 시기를 대가의 지급이 확정된 때로 보아야 할 것이다(심사부가 2006-5, 2006.12.27.). 공사계약서 제20조에서는 준공에 관련된 내용을 특별히 규정하고 있는데 동 규정에 의하면 을(수급인)은 공사를 완성한 때에는 갑(청구인)에게 통지하여야 하며, 갑은 을의 입회하에 검사를 하여야 하고, 검사에 합격하지 못한 때에는 지체 없이 보수 또는 개조하여 다시 검사를 받도록 규정되어 있어 검사합격 여부가 준공의 조건이 된다고 볼 수 있고, 따라서 위 공사계약서 제7조 제3항에 규정한 「허가기관에 검사를 의뢰한 날」을 부가가치세법상의 용역제공 완료일로 보기보다는 외형적인 공사를 완료한 날로 볼 수 있고, 이 건 공사용역의 경우는 일정기간의 시운전이나 기초검사를 거쳐서 공사용역의 가장 중요한 요건인 폐오수 기준치가 적정수준 이하로 나타나서 허가기관에 검사를 의뢰할 경우 합격할 수 있는 상태에 도달한 시점을 용역의 공급시기로 보는 것이 합당하다 할 것이다(국심 2000전2062, 2000.10.19.).

3) **사용승인 후 도급금액 변경 소송** : 공사 진행 중에 도급금액에 대한 다툼이 있어 사용승인 이후에 도급금액 변경소송을 제기하여 도급금액이 판결에 의하여 확정되는 경우 공급시기

는 대법원 확정판결일이다. 다만, 하급심에서 소송이 종결되는 경우에는 상고기한 종료일이 공급시기가 된다.

4) **사용승인 후 하자보수공사 :** 이미 공사 도급계약에 따라 받기로 한 공사대금이 정하여진 상태에서 건물이 완공되어 사용승인까지 받은 이상, 그 후 공사대금 정산에 관한 분쟁으로 소까지 제기되어 그에 관한 판결에서 공사잔금이 확정되었다고 하더라도 이는 공급이 완료된 용역의 하자에 관한 문제일 뿐이므로 이를 이유로 역무제공의 완료 시 공급가액이 확정되지 아니한 경우에 적용되는 것은 아니다(대법원 2010두731, 2010.8.19.).

⑥ 안분대상의 구분

국민주택건설용역을 공급하는 종합건설회사 등 「건설산업기본법」, 「전기공사업법」, 「소방시설공사업법」, 「정보통신공사업법」, 「주택법」, 「하수도법」 및 「가축분뇨의 관리 및 이용에 관한 법률」에 의하여 등록을 한 자가 공급하는 국민주택의 건설용역 및 「건축사법」, 「전력기술관리법」, 「소방시설공사업법」, 「기술사법」 및 「엔지니어링산업 진흥법」에 따라 등록 또는 신고를 한 자가 공급하는 국민주택의 설계용역은 부가가치세가 면세되고 이들이 발행하는 세금계산서 및 계산서 등은 안분의 대상이 아니다. 즉, 국민주택초과주택(일반주택)에 대한 세금계산서는 공제대상이고, 국민주택에 대한 계산서는 부가세를 거래징수당하지 않았으므로 공제나 불공제의 대상이 아닌 것이다. 따라서 안분대상은 감리비, 자재비 등에서 등장하며 외주비에서 등장하지 않는다. '외주비'란 하도급계약에 의하여 공사의 일부를 타 건설업자에 재도급하는 경우 당해 하도급공사에 대한 공사비용을 처리하는 계정이다. 즉, 외주비의 공급하는 자는 면허가 있는 건설업자일 것이기 때문이다.

표 17　건설회사의 안분대상 매입세액

구분		건설회사		단순시행사		안분대상
		매입	매출	매입	매출	
건축비/ 설계비	국민주택		면세		면세	N/A
	일반주택	공제	과세	공제	과세	N/A
자재비/감리비 등		공통매입 세액안분	N/A	공통매입 세액안분	N/A	안분대상

제6장

부가가치세 안분

① 개요

'공통매입세액'이란 부가가치세 과세사업과 면세사업을 함께 영위하는 사업자가 매입한 재화·용역의 매입세액 중 과세사업과 면세사업에 공통으로 사용되어 실지귀속을 구분할 수 없는 매입세액을 말한다. 겸영사업자의 경우 과세사업에 관련된 매입세액만 공제받을 수 있는 것이므로 공통매입세액의 안분계산이 필요하며, 부가가치세법 시행령 제81조에 따라 안분계산하여야 한다.

1) 총공급가액에 의한 안분계산

공통매입세액이 있는 경우 면세사업 등에 관련된 매입세액은 다음 계산식에 따라 안분하여 계산한다. 다만, 예정신고를 할 때에는 예정신고기간에 있어서 총공급가액에 대한 면세공급가액(비과세공급가액을 포함)의 비율에 따라 안분하여 계산하고, 확정신고하는 때에 과세기간(예정신고분과 확정신고분)의 총공급가액에 대한 면세공급가액비율에 따라 정산한다(부가가치세법 시행령 제81조 제1항).

① 예정신고시

$$\text{면세사업 관련 매입세액} = \text{공통매입세액} \times \frac{\text{면세공급가액}}{\text{총공급가액}}$$

② 확정신고시

- (예정기간 공통매입세액 + 확정기간 공통매입세액) ×

$$\frac{\text{면세공급가액}}{\text{총공급가액}} = \text{면세사업 관련 매입세액}$$

- 면세사업 관련 매입세액 – 예정신고 면세사업 관련 매입세액
  = 확정신고 면세사업 관련 매입세액

2) 기타의 방법에 의한 안분계산

면세사업 등에 관련된 매입세액 계산에 있어서 과세사업과 면세사업의 공급가액이 없거나, 그 어느 한 사업의 공급가액이 없는 경우에 해당 과세기간에 있어서의 안분계산은 다음 순서에 의한다. 다만, 건물 또는 구축물을 신축하거나 취득하여 과세사업과 면세사업 등에 제공할 예정면적을 구분할 수 있는 경우에는 '③'을 '①' 및 '②'에 우선하여 적용한다.

① 총매입가액(공통매입가액은 제외한다)에 의한 안분계산
   총매입가액을 적용하여 공통매입세액 안분계산을 하였을 때

에는 그 후 과세사업과 면세사업 등의 공급가액이 모두 있게 되어 총공급가액에 따라 공통매입세액을 계산할 수 있는 경우에는 총공급가액에 따라 안분계산하며, 확정신고를 할 때 정산한다.

㉮ 총매입가액에 의한 안분계산

$$공통매입세액 \times \frac{면세매입가액}{총매입가액} = 면세\ 관련\ 매입세액$$

㉯ 총공급가액에 의한 정산

가산되거나 공제되는 세액 = 총공통매입세액 × (1 – 과세사업과 면세사업등의 공급가액이 확정되는 과세기간의 면세공급가액/과세사업과 면세사업등의 공급가액이 확정되는 과세기간의 총공급가액) – 이미 공제한 세액

② 총예정공급가액에 의한 안분계산

총예정공급가액을 적용하여 공통매입세액 안분계산을 하였을 때에는 그 후 과세사업과 면세사업 등의 공급가액이 모두 있게 되어 총공급가액에 따라 공통매입세액을 계산할 수 있는 경우에는 총공급가액에 따라 안분계산하며, 정산방법은 '①'과 같다.

㉮ 총공급예정가액에 의한 안분계산

$$공통매입세액 \times \frac{면세공급예정가액}{총공급예정가액} = 면세\ 관련\ 매입세액$$

③ 총예정사용면적에 의한 안분계산

건물 또는 구축물에 대하여 총예정사용면적을 적용하여 공통
매입세액 안분계산을 하였을 때에는 그 후 과세사업과 면세사
업 등의 공급가액이 모두 있게 되어 총공급가액에 따라 공통
매입세액을 계산할 수 있는 경우에도 과세사업과 면세사업등
의 사용면적이 확정되기 전의 과세기간까지는 총예정사용면
적에 따라 안분계산한다.

㉮ 총예정사용면적에 의한 안분계산

$$공통매입세액 \times \frac{면세예정사용면적}{총예정사용면적} = 면세사업 \ 관련 \ 매입세액$$

㉯ 총공급가액에 의한 정산

가산되거나 공제되는 세액 = 총공통매입세액 × (1 – 과세사
업과 면세사업등의 사용면적이 확정되는 과세기간의 면세
공급가액/과세사업과 면세사업등의 사용면적이 확정되는
과세기간의 총공급가액) – 이미 공제한 세액

② 면적기준(공용면적 vs 계약면적)

1) 면적기준에 대한 해석

분양가를 정할 때(제1장 참조) 보았듯이 건설에는 다양한 면적이
있다. 부가가치세를 안분할 때 어떤 면적을 사용하여야 하는지에

관한 의문이 생길 수 있다. 아래 유권해석은 마치 전용면적을 기준으로 매입부가세를 안분한다고 읽힐 법도 하다.

> 서면-2019-부가-2604, 2020.6.12. : 공통매입세액을 안분 계산함에 있어 총예정사용면적에 대한 면세사업등에 관련된 예정사용면적의 비율을 계산하는 경우 공통으로 사용되는 공유면적은 총예정사용면적 및 면세사업등에 관련된 예정사용면적에 포함하지 아니하는 것임.

그러나 위 해석은 안분의 일반원칙을 재생산한 것에 지나지 않는다. 즉, 공통되는 것을 안분하는 것이므로 공통되는 것은 안분비율의 산정에 영향을 미치지 않도록 공통되는 것을 제외하고 안분비율을 산정하여야 한다는 일반론적인 이야기이다.

해당 유권해석의 질의는 구체적이고 명확했다.

> 공동주택(아파트, 상가 등) 신축 관련 공통매입세액을 안분계산하는 경우 예정사용면적의 계산은 어떤 방법으로 해야 하는지.
> ① 전용면적기준
> ② 전용면적+주거공용면적 = 분양면적기준
> ③ 전용면적+주거공용면적+기타공용면적(주차장 등) = 총연면적(계약면적) 기준

상기 해석은 위 질의에 대한 답변으로 보기 어렵다. 주거공용면적의 경우 분양가의 대가를 받는 면적이고 분양가의 대가는 전용면적에 의하여 부가가치세 과세여부가 결정된다. 즉, 국민주택의

주거공용면적은 면세인 것이고, 일반주택의 주거공용면적은 과세이므로 대응되는 매출이 분명하게 정해져 있다. 따라서 대응대는 매출에 적용한 면적이 안분기준이 되어야 하는 것이 합리적이다. 이는 기타공용면적이라고 하여 달리 볼 것도 아니다. 따라서 부가가치세 안분을 위한 면적기준은 계약면적이 되어야 할 것으로 사료된다. 이는 공용면적에 의하여 분양가가 산정되고, 계약면적에 의하여 건축비 등 원가가 산정된다는 점을 고려하면 비용에서 기준이 되는 면적은 계약면적이 되어야 할 것이기 때문이다.

2) 사례의 면적 면세비율

본 사례에서 면적 안분비율은 아래와 같다.

표 18 사례의 부가세 안분 면적비율

구분	세대/호	전용면적(㎡)	공급면적(㎡)	계약면적(㎡)	총면적(㎡)	면적비율
24평형	30	60	70	110	3,300	38.39%
30평형	20	80	100	160	3,200	37.23%
36평형	10	100	119	200	2,000	23.27%
근생시설	1	50		95	95	1.11%
발코니	60					
소계		4,400	5,290	8,595	8,595	100.00%

따라서 사례의 면적 면세비율은 24평형과 30평형의 비율인 75.63%가 된다. 참고로 발코니는 전용면적, 공용면적, 계약면적 등 어떤 면적에도 포함되지 않기 때문에 서비스면적이라고 부른다. 따라서 발코니의 면적은 면적 면세비율을 산정할 때 고려하여서는 안 될 것이다.

③ 분양(예정)가액기준

1) 사례의 가액 면세비율

본 사례에서 가액 면세비율은 아래와 같다.

표 19 사례의 부가세 안분 가액비율

구분	세대/호	전용면적(㎡)	공급면적(㎡)	분양가	토지가	건물가	면세가액비율
24평형	30	60	70	19,050,750,000	5,715,225,000	13,335,525,000	100.00%
30평형	20	80	100	18,150,000,000	5,445,000,000	12,705,000,000	100.00%
36평형	10	100	119	10,799,250,000	3,239,775,000	7,559,475,000	30.00%
근생시설	1	50		1,200,000,000	360,000,000	840,000,000	30.00%
발코니	60			1,800,000,000	-	1,800,000,000	0.00%
소계		4,400	5,290	51,000,000,000	14,760,000,000	36,240,000,000	

따라서 사례의 가액 면세비율은 토지가 전체와 24평형과 30평형의 건물가의 비율인 80.00%가 된다. 다만, 발코니공사와 관련이 없는 공통매입세액이라면 발코니 가액을 제외하고 안분비율을 산정하는 것이 합리적일 것이다.

2) 실지거래가액 인정여부

세법은 실지거래가격을 존중한다. 그러나 최근 부가가치세법 등에서 세법상 기준으로 안분한 금액과 30% 이상 차이가 나는 경우 실지거래가액을 부인(부가가치세법 제29조)하거나, 실지거래가액이 불분명한 것으로 본다(소득세법 제100조). 법 개정을 관련하여 살펴보면 2019.1.1. 이후부터 "납세자가 실지거래가액으로 구분한 가액이 기준시가 등에 따른 안분가액과 30% 이상 차이가 나는 경우" 납세자가 구분한 실질거래가액을 인정하지 않고 있다. 실무상 많이 발생하는 경우로서, 부가가치세가 면세되는 토지(제26조 제14호)와 과세되는 건물이나 그 밖의 구축물을 함께 거래하는 경우, 전체 공급가액을 어떻게 안분할 것인지를 정하는 규정이다. 이때 당사자들이 계약서에 명확히 토지와 건물 가격을 구분하여 적는 경우 이는 '실지거래가액'으로서 그대로 각각의 공급가액이 되어야 하는 것이 원칙이지만, 실제 과세실무상으로는 당사자들이 아무리 계약서에 분명하게 토지와 건물 가격을 구분하여 적었다고 하더라도 이 가격들의 상대적 비율이 적정하지 않다고 판단하는 경우에는 단서 규정을 적용하는 경우가 많다. 물론 이러한 과세실무가 제9항의 문언에 부합하는 것인지에 관하여는 논의의 여지가 많다. 특히 개발사업에서 토지와 멸실예정건물을 취득할 때 멸실할 건물은 재산적 가치가 있는 재화라고 하기 어려운 경우가 있으므로, 건물분 부가세가 발생하는 경우 매도자는 해당 부가세를 납부하지만, 매수자는 토지관련 매입세액으로 공제받지 못하기 때문에 비판이 제기된다.

2022.1.1. 이후부터는 따라서 "다른 법령에서 정하는 바에 따라 가액을 구분한 경우" 및 "건물이 있는 토지를 취득하여 건물을 철거하고 토지만 사용하는 경우"에는 납세자가 구분한 실질거래가액을 인정하고 있다. 판단컨대 해당 조문은 지극히 행정편의적인 개정으로 인한 재개정을 거쳐서 결과적으로 2019년 이전보다 못한 사업환경을 만들었다고 여겨진다.

부가가치세법 제29조【과세표준】
⑨ 사업자가 토지와 그 토지에 정착된 건물 또는 구축물 등을 함께 공급하는 경우에는 건물 또는 구축물 등의 실지거래가액을 공급가액으로 한다. 다만, 다음 각 호의 어느 하나에 해당하는 경우에는 대통령령으로 정하는 바에 따라 안분계산한 금액을 공급가액으로 한다. (2018. 12. 31. 단서개정)
1. 실지거래가액 중 토지의 가액과 건물 또는 구축물 등의 가액의 구분이 불분명한 경우 (2018. 12. 31. 신설)
2. 사업자가 실지거래가액으로 구분한 토지와 건물 또는 구축물 등의 가액이 대통령령으로 정하는 바에 따라 안분계산한 금액과 100분의 30 이상 차이가 있는 경우 (2018. 12. 31. 신설)

④ 부가가치세 산정용 감정평가서

부가가치세법 시행령 제64조 제1항 제2호에서 토지와 건물 등
중 어느 하나 또는 모두의 기준시가가 없는 경우로서 감정평가가
액이 있는 경우에는 그 가액에 비례하여 안분계산한 금액이 부가
가치세법 제29조의 "대통령령으로 정하는 바에 따라 안분계산한
금액"이 된다. 또한 준공예정건물은 기준시가가 없는 경우에 해
당할 것이므로 부가가치세 산정용 감정평가서에 따르는 경우가
많다.

일반적으로 감정평가서는 토지와 건물을 구분하고 있지 않으며,
주택을 제외한 건물은 부가가치세가 제외[7]되어 있는 경우가 대부

분이다. 주택의 경우 대부분 최종소비자로서 부가가치세의 환급대상이 아니므로 부가세를 포함하여 평가하는 것으로 여겨지나, 이것은 절대적인 것이 아니고 평가목적, 평가조건 등에 따라 달라질 수 있으며 담보나 경매, 보상의 경우는 부가세 과세대상이 아니므로 부가가치세를 제외하는 것이 타당할 것이다.

따라서 부가가치세 산정용 감정평가서가 필요한 경우 목적을 밝혀 "부가가치세법상 토지, 건물 가격배분을 위한 감정평가"를 받아야 하며 토지와 건물의 가액 및 건물분 부가가치세가 구분기재된 (양도나 담보목적 감정평가서가 아닌) 별도의 감정평가서가 필요하다[8].

⑤ 자금조달기준

1) 자금조달수수료의 매입세액

금융기관은 PF대출시 향후 발생할 채무불이행 위험 등에 대비할 목적으로 차주인 시행사에게 '대출취급수수료'를 청구하는 경우가

---

[7] 한국감정원 발행 "건물신축단가표" 적용시 유의사항에 의하면 주택의 표준단가에는 부가가치세가 포함되어 있고 기타용도의 건물은 부가가치세가 포함되지 아니하였으며 "동산시가조사표"에도 역시 부가가치세가 포함되지 아니한다.
[8] 토지의 기준시가(개별토지가격)는 시가조정을 통한 시가대비 5~60% 선에서 결정되는 것이 일반적이나 건물의 시가표준액은 감정평가상 원가법과 동일한 논리를 따르되 시가조정을 하지 않는다. 따라서 토지는 시가로 평가하고, 건물을 원가로 감정평가되는 경우가 많다(서성용 감정평가사 자문 2024.4. 070-4248-3312).

있고, 금융기관은 대주단을 구성하여 SPC를 통해 간접적으로 차주인 시행사에게 자금을 대여시 자금중개용역의 대가로 '자금주선수수료' 또는 자금조달구조 자문용역의 대가로 '금융자문수수료'를 세금계산서를 발행하여 청구하는 경우가 있다.

　금융기관으로부터 대출을 받기 위한 목적으로 지급된 금융자문수수료, 감정평가수수료, 법률자문수수료 등이 부가가치세 과세 또는 면세거래와 관련이 있는지 여부는 그러한 자문용역의 결과로 조달되는 자금의 사용용도에 따라 정해진다(조심 2015서3824, 2015.12.16.). 따라서, 관련 매입세액 중 조달된 자금이 토지취득을 위해 사용된 비율만큼은 부가가치세법 제39조 제1항 제7호 및 부가가치세법 시행령 제80조 제1호에 따라 토지관련 직접 매입세액 불공제 처리하는 것이 타당하다. 한편, 1차 차입금으로 토지를 취득하고, 1차 차입금의 원금 및 이자를 상환하기 위해서 2차 차입금을 조달하는 과정에서 '자금주선수수료' 또는 '금융자문수수료'가 지출되는 경우, 해당 2차 차입금은 토지를 취득하기 위해서 직접 사용된 것이 아니므로 2차 차입금 관련 '자금주선수수료' 또는 '금융자문수수료'의 매입세액은 토지관련 직접 매입세액은 아닌 것으로 판단된다. 그러나, '자금주선수수료' 또는 '금융자문수수료'의 매입세액이 면세사업을 영위하기 위하여 지출된 것이라면 관련 매입세액은 면세관련 매입세액으로서 불공제될 것이다(조심 2018중0774, 2018.4.30. 취지).

2) 본 사례의 자금조달 면세비율

본 사례에서 PF가 300억일 때 PF를 조달하기 위한 비용들 중 세금계산서를 수취한 비용이 있다. 본 사례에서는 자금조달을 위한 회계사비용 2억원(VAT 2천만원)이라고 가정하자.

조달한 자금의 사용예정내역(실무에서는 "자금판"이라고 부른다)에 따라 해당 매입세액의 안분비율이 정해진다. 보통 토지비의 계약금(보통 10%)은 에쿼티(시행자의 자기자본)로 지급한다. 토지비의 90%만 조달한 자금으로 지급한 경우 자금판에서 구분된 토지취득비용은 180억원을 지급하였을 것이다. 이때 300억원 중 토지비 잔금으로 지급한 180억원의 비율(60%)이 매입세액불공제대상 비용이 된다.

또한 토지대 외의 다른 자금에 사용한 비율은 전체 공제받을 수 있느냐의 문제가 발생한다. 토지대 외의 다른 자금이 공사비라고 하면 면적면세비율을 적용하여야 할 것이고, 판관비라면 가액면세비율을 적용하여야 할 것인지에 관한 문제이다. 자금판에서 사용계획을 구분하여 공사비 사용액과 판관비 사용액을 찾아 해당 비율을 적용하여야 할 것으로 사료된다. 관련한 해석은 차입금의 용처가 사업활동으로 특정할 수 있거나, 부채상환인 경우에도 부채의 발생원인이 사업활동으로 특정할 수 있는 경우 매입세액공제 가능하다(조심 2017중112, 2017.3.13., 조심 2016중3427, 2017.2.14.

등). 문제는 조달한 자금으로 일부는 토지를 취득, 일부는 사업자금을 조달한 경우 안분기준을 어떻게 적용할지는 불분명하므로 생략한다[9].

TIP 자금조달비용의 원천징수

대출취급수수료가 이자인지 아니면 수수료에 해당하는지 여부에 따라, 손익귀속시기, 지급이자의 손금불산입의 적용, 이자지급시 원천징수 적용에서 차이가 있는바, 이자인지 아니면 수수료에 해당하는지 논란이 있다. 대출취급수수료가 이자제한법상 이자에 해당하더라도, 이자제한법은 이자의 적정한 최고한도를 정함으로써 국민경제생활의 안정과 경제정의의 실현을 목적으로 하므로(이자제한법 제1조), 이자제한법상의 이자의 개념을 법인의 소득에 대한 납세의무를 정하는 법인세법상의 이자로 바로 적용할 수 없는 점, 오히려 법인세법에 따르면 이자와 수수료를 명확히 구분하여 귀속 사업연도를 달리 정하고 있는 점(법인세법 제40조 제1항, 제2항, 같은 법 시행령 제70조), 대출취급수수료가 이자라면 대출채권의 중도상환 시 기간을 안분하여 대주단에게 지급할 수수료를 반환할 의무를 부담하여야 할 것이나 대출계약서에 그러한 조건이 명시되어 있거나 수수료를 반환하였다고 볼 여지가 없는 점 등을 종합하여 보면, 대출취급수수료는 법인세법상 이자가 아닌 수수료로 보는 것이 타당(서울행정법원 2015구합59129, 2017.10.20. 취지)하다고 판단된다.

---

9) 저자의 사견에 자금조달면세비율과 분양예정가액비율 중 하나를 사용해야 하는 것이고, 자금조달면세비율을 적용 후 잔여분에 대하여 다른 면세비율을 적용하는 것은 원가와 매가의 이중적용이라는 점에서 타당하지 않을 것이라고 여겨진다.

⑥ 토지관련 매입세액

1) 멸실예정건물의 매입VAT

멸실예정건물의 가액을 양수도계약서상 0으로 기재해도 되는 지에 관한 문제가 있었다. 자산성이 없는 멸실예정건물에 대하여 VAT를 납부하고 매입자는 매입세액을 공제받지 못하는 상황에서 발생한 문제이다.

부가가치세법의 개정(2022.1.1. 이후부터는 따라서 "다른 법령에서 정하는 바에 따라 가액을 구분한 경우" 및 "건물이 있는 토지를 취득하여 건물을 철거하고 토지만 사용하는 경우"에는 납세자가 구분한 실질거래가액을 인정하고 있다)으로 해당 쟁점은 일반화할 수 없을 듯하다.

조심 2018부4509, 2019.8.6. : 이상의 사실관계 및 관련 법령 등을 종합하여 살피건대, 처분청은 쟁점호텔건물과 쟁점사우나건물의 양도를 재화의 공급으로 보아 이 건 부가가치세를 부과하였으나, 처분청이 과세대상으로 한 쟁점호텔건물과 쟁점사우나건물은 주택건설업을 영위하는 양수법인이 이를 취득한 후 철거할 예정이어서 청구인과 양수법인은 건물의 가액을 없는 것으로 하고 토지의 가액으로만 거래한 것으로 보이는 점, 양수법인은 쟁점호텔건물과 쟁점사우나건물을 철거한 다음 그 부지 위에 주상복합아파트를 신축할 사업계획을 가지고 있었고, 실제로 2017.1.16. 쟁점부동산에 대한 매매계약을 체결한 후 2017.5.10.부터 2017.7.21.까지 해당 부지에 주상복합아파트를 신축하는 건축허가를 받고, 쟁점호텔건물과 쟁점사우나건물의 철거·멸실신고를 한 점, 청구인은 2017.3.15. 쟁점부동산을 양수법인에게 양도하면서 2017.4.10. 호텔 및 사우나 서비스업과 관련한 개인사업자등록을 폐지한 점 등에 비추어 계약 당시 이미 철거가 예정되어 그 가치가 OOO원으로 거래된 쟁점호텔건물과 쟁점사우나건물에 대하여 부가가치세를 과세한 처분은 잘못이 있는 것으로 판단된다.

사례에서는 취득한 대지에 10억원에 해당하는 과세건물이 있었고, 건물분 부가세 1억원을 불공제하는 것으로 정리하였다.

2) 기타 토지취득 관련 매입세액

매출세액에서 공제하지 아니하는 법 제39조 제1항 제7호 소정의 '토지 관련 매입세액'은 토지의 조성 등을 위한 자본적 지출에 관련된 매입세액을 의미하는데 이는 법 제39조 제1항 제7호의 문리해석상 그 전단의 '부가가치세가 면제되는 재화 또는 용역을 공급하는 사업에 관련된 매입세액'과 구별될 뿐만 아니라, 면세사업 관련 매입세액과는 다른 조세정책적 관점에서 공제하지 아니하는 것으로서 면세사업에 관련된 매입가액에 포함되지 않는다고 해석함이 상당하다(대법 2010두4810, 2012.11.29). 즉, 과세사업용 토지일지라도 토지의 자본적 지출에 해당하는 경우 매입세액으로 공제되지 않는다.

① 토지의 취득 및 취득부대비용
토지의 취득 및 형질변경, 공장부지 및 택지의 조성 등에 관련

된 매입세액은 토지관련 매입세액으로 보아 공제하지 않는다. 여기에는 토지의 매입대금, 등록세, 취득세와 건물이나 구축물을 건립할 수 있는 상태로 준비하는 데 소요되는 모든 비용(명의이전비, 개량비, 정리비, 중개수수료 등)이 포함된다. 따라서 건물을 취득과 관련된 중개수수료는 토지와 건물가액으로 안분계산하여야 한다.

그러나 토지의 취득과 관련된 비용만 불공제되므로 주차장 운영업 또는 부동산임대업을 영위하던 사업자가 해당 과세사업에 사용하던 토지를 양도하기 위하여 부동산컨설팅 및 중개수수료를 지급하면서 부담한 매입세액은 공제되며(서삼-877, 2008.5.1., 서삼-309, 2008.2.12., 국심 2005중1113, 2005.8.30., 부가-284, 2011.3.22.), 부동산 임대업을 영위하던 사업자가 임대사업을 포괄양도하면서 부담한 중개수수료 관련 매입세액은 매출세액에서 공제된다(재부가-10, 2022.1.7.).

② 건축물이 있는 토지취득

건축물이 있는 토지를 취득하여 그 건축물을 철거하고 토지만을 사용하는 경우에는 철거한 건축물의 취득 및 철거비용에 관련된 매입세액은 토지관련 매입세액으로 보아 공제하지 않는다. 여기에는 건축물이 있는 토지를 취득하여 즉시 건물을 철거하고 토지만을 사용하는 것은 물론, 새로운 건물을 신축하기 위하여 취득 즉시 건물을 철거하는 경우까지 포함하는 것으로 보아야 한다(서면3팀-1064, 2004.6.3., 대법 2007두

2524, 2008.2.1.).

그러나 부동산임대업 등에 사용하다 철거한 경우에는 철거비용에 관련된 매입세액은 당기비용으로 처리하며 매입세액으로 공제된다(국심 2004서2038, 2004.10.29.). 그리고 환경영향평가용역이나 교통영향평가용역의 매입세액이 토지의 취득 및 토지조성 등을 위한 자본적 지출과 관련한 매입세액인지 또는 건물 신축과 관련한 매입세액인지 여부는 해당 용역의 사용목적 등을 종합하여 사실판단할 사항이라 할 수 있다(서면3팀-2158, 2005.11.29.).

💡 TIP 사용 중인 건물을 철거하는 경우

임대사업 등에 사용 중인 건물을 철거하고 새로운 건축물을 신축하는 경우 기존 건물의 매입부가세가 문제될 수 있다. 이때 기존 건물분 부가세를 (임대사업의 종료에 따른)폐업시 잔존재화로 볼 것인지 또는 분양사업(과면세 공통사업)에 전용된 경우로 볼 것인지에 대한 다툼이 생길 수 있다. 이에 저자는 아래와 같은 유권해석을 생성하여 기존건물의 매입부가세는 불공제할 대상이 아니라는 해석을 도출하였으므로 참조하기 바란다.

부가가치세과-637 (2024.3.18.) : 부동산을 개발하여 분양하는 법인이 건물을 취득하여 임대업으로 부가가치세 과세사업에 사용하다가 건물을 철거한 경우에 철거한 건물의 취득과 관련한 매입세액은 토지의 자본적 지출에 해당하지 않고 폐업시 잔존재화에도 해당하지 않는 것

⑦ 사례의 불공제 매입세액

사례의 매입부가세 및 불공제 매입세액은 아래와 같다.

표 20 사례의 불공제 매입세액

구분	금액(천원)	매입VAT(원)	불공제VAT(원)	불공제 비고
용지비[10]	20,000,000	100,000,000	100,000,000	토지매입
본공사비[11]	13,000,000	316,870,273		전체공제
설계비	1,000,000	24,374,636		전체공제
감리비	1,000,000	100,000,000	75,625,364	면적비율
옵션공사	1,800,000	180,000,000		전체공제
철거비	500,000	50,000,000	50,000,000	토지매입
인입공사비	900,000	90,000,000	68,062,827	면적비율
각종부담금	10,000			
중개사비	100,000	10,000,000	10,000,000	토지매입
법무사비	100,000	10,000,000	10,000,000	토지매입
취득세_승계	920,000			
취득세_원시	638,636			
보유세	200,000			
사업성 검토	100,000	10,000,000	10,000,000	토지매입
회계사비_자금조달	200,000	20,000,000	12,000,000	조달비율
M/H건립비	200,000	20,000,000	15,125,073	면적비율[12]
M/H설치비	100,000	10,000,000	8,000,103	가액비율
M/H철거비	20,000	2,000,000	1,600,021	가액비율
M/H임차료	20,000	2,000,000	1,600,021	가액비율
분양대행용역	1,500,000	150,000,000	120,001,544	가액비율

구분	금액(천원)	매입VAT(원)	불공제VAT(원)	불공제 비고
취급수수료	1,200,000			
이자비용	1,800,000			
불공제부가세	482,015			
기타판관비	109,349			
소계	45,900,000	1,095,244,910	482,014,952	

---

10) 사례에서는 취득한 대지에 10억원에 해당하는 과세건물이 있었고, 건물분 부가세 1억원을 불공제하는 것으로 정리하였다.
11) 국민주택초과주택(일반주택)에 대한 세금계산서는 공제대상이고, 국민주택에 대한 계산서는 부가세를 거래징수당하지 않았으므로 공제나 불공제의 대상이 아닌 것이다.
12) M/H의 경우 건설원가의 성격과 판매비의 성격을 모두 가지고 있다. 따라서 안분비율을 정할 때 이견이 많이 있다. 유권해석은 모델하우스 설치와 모델하우스를 설치를 위한 토지의 임차료에 대하여, 면적비율을 적용하는 것으로 해석하고 있다(서면3팀-3334, 2007.12.14.). M/H 관련 비용 중 앞 두 가지를 제외하면 더 보수적인 가액비율을 적용하는 것이 타당하다고 여겨진다.

제7장

취득세 신고

① 개요

부동산 등을 매매 또는 교환 등 취득에 대한 대가를 지급하는 유상거래로 승계취득하는 경우 취득당시가액은 취득시기 이전에 해당 물건을 취득하기 위하여 거래 상대방이나 제3자에게 지급하였거나 지급하여야 할 일체의 비용을 포함한 "사실상취득가격"으로 한다(지법 제10조의3 제1항). 사실상취득가격은 해당 물건을 취득하기 위하여 거래 상대방 또는 제3자에게 지급하였거나 지급하여야 할 직접비용과 지방세법 시행령 제18조에서 규정하고 있는 간접비용의 합계액으로 한다.

② 토지의 승계취득

사업부지를 승계취득하는 경우 간접비용의 범위가 문제시 되는 경우는 대지의 가액이 매우 커서 자금조달이 필요하거나 유동화회사가 설립되는 경우 등 제한적일 것이다. 일반적인 유상승계취득의 경우 취득세율은 4.6%가 적용된다. 다만, 수도권과밀억제권역 내 취득에 대한 중과세가 적용되는 경우 9.4%의 중과세가 적용될 수 있다.

1) 매입보수

자산관리회사 등에게 매입성공보수를 지급하는 경우가 있다. 이 때 토지매입성공보수는 토지취득세 과세표준에 포함되어야 한다. 단, 이때에도 부가가치세는 공제여부에 불구하고 취득세 과세표준에 포함하지 아니한다(지령 제18조 제2항 제4호).

2) 브릿지대출 유동화 비용

유동화SPC관련 비용, 금융주선수수료, 금융주관수수료, 대리금융수수료, 시장조사용역비, 감정평가비용, 담보신탁제비용 및 기타용역비가 있다. 이때 대출취급수수료는 토지자금 뿐만 아니라 사업자금으로 지출될 비용이므로 자금판에 의하여 토지관련 비용의 비율을 구분하여 과세표준에 포함하여야 한다.

담보신탁의 보수에 관하여서는 의문의 여지가 있을 수 있다. 일반적으로 토지를 취득한 후 담보대출이 이루어지므로, 담보신탁의 보수가 취득일 이후의 사건으로 보여질 수 있기 때문이다. 그러나 부동산을 취득하기 위한 자금을 대출받기 위하여 그 부동산의 일

부를 담보신탁으로 제공하고 담보신탁수수료를 지급하는 경우에
는 해당 부동산을 취득하기 위한 간접비용으로 보고 있다(조심
2019지3755, 2021.1.19.).

3) 토지취득 관련 건설자금이자

일반적으로 토지비계약금은 대출로 지급하지 않고 브릿지대출
등 PF대출의 기표는 토지비 잔금일에 이루어지므로 브릿지대출이
자의 1일(日)치 이자가 포함될 여지가 있다. 그러나 별도로 계약금
대출을 받은 경우 계약금대출일부터 토지취득일까지의 이자는 토
지취득세 과세표준에 포함될 수 있을 것이다.

③ 가설건축물의 취득

현장사무실 및 모델하우스를 축조하는 경우 가설건축물에 대한
취득세가 부과될 수 있다. 가설건축물은 등기부등본이 없고 가설건
축물대장이 등기부등본을 갈음하는바 구 등록세에 해당하는 세율
은 제외한 2.2%의 취득세율이 적용된다.

1) 과세대상여부

1년 초과하는 가설건축물은 취득세 과세대상이 된다. 가설건축
물 축조신고를 하지 않거나, 축조신고(1년 이하 존치로 신고) 후 존

치기간 연장신고를 하지 않더라도 실제로 1년 초과 존치하였으면 과세대상에 포함하여야 한다. 이때 존치기간 1년의 초과여부는 취득자가 아니라, 가설건축물을 기준으로 판단한다. 즉, 매수인이 가설건축물을 취득하고 1년 미만으로 사용하는 경우라 하더라도 매도인의 사용기간과 포함하여 가설건축물의 존치기간이 1년 이상이 된 경우 매수인은 가설건축물 취득세를 부담하게 된다. 또한 매도인의 입장에서 매수인에게 양도하여 존치기간이 1년을 초과하였을 때 가설건축물의 원시취득에 대한 납세의무가 성립하는 지도 문제가 된다. 이에 저자는 아래와 같은 유권해석을 생성하였으므로 참조하기 바란다.

세정과-220302, 2023.10.5. : 존속기간이 1년을 초과하는 임시용 건축물은 지방세법 제9조 제5항 단서에 따라 취득세 납세의무가 성립하고 취득행위를 기준으로 취득시기 및 납세의무자를 판단할 것인바 임시용 건축물(1년 미만) 축조하여 원시취득한 후 1년 이내 매도하여 승계취득자(매수인)가 임시용 건축물에 존치기간 1년 이상으로 연장신고 하였다면 승계취득자에게 축조신고서상 존치기간의 시기와 사실상 사용일 중 빠른 날로부터 기간을 계산하여 1년 이상 존속기간 해당여부에 따라 취득세 납세의무가 성립할 뿐 임시용 건축물을 축조한 자(매도인)에게 원시취득에 대한 취득세 납세의무가 있다고 보기 어렵다.

세제과-15033, 2023.11.2. : 가설건축물을 축조한 매도자가 존치기간 1년 미만인 상태에서 매각하였다면 매도자는 취득세 납세의무가 없으며, 동 가설건축물을 매수한 자가 취득과 동시에 존치기간을 1년 초과하여 연장신고하였다면 매수자는 취득일부터 60일 이내에 취득세를 신고·납부하여야 합니다(구 행정자치부 세정13407-763, 2000.6.15. 같은 뜻).

2) 과세표준 : 사실상 취득금액

① 구입하는 경우 : 구입금액으로 취득시점까지 지급했거나, 지급하여야 할 비용으로 취득시점까지 미지급된 비용이나 향후 지급예정인 비용을 포함

② 건설하는 경우 : 외주 공사비 도급금액으로 취득시점까지 지급했거나, 지급하여야 할 비용으로 취득시점까지 미지급된 비용이나 향후 지급예정인 비용을 포함

③ 컨테이너 등을 임차하여 사용하는 경우 : 임대하는 사업자의 장부가액, 장부가액이 없거나 불확실한 경우 임대하는 사업자의 취득금액이 과세표준이 된다. 컨테이너를 건축물용도로 사용하는 경우 취득세 과세대상이 된다는 점에 주의하여야 한다. 흔히 프리패브라고 하는데, 프리패브란 미리 부품을 공장에서 생산하여 현장에서 조립만 하는 것을 말한다. 흔히 조립주택을 부르는 말이지만, 건설현장에서는 컨테이너 등을 임차하여 현장사무실로 사용하는 경우 프리패브라고 부른다. 컨테이너 또는 프리패브를 임차하는 경우 동산이 부동산으로 사용하는 경우로 시가표준액을 계산하는 경우 보통 경량철골조의 근린생활시설로 보아 시가표준액을 산출하게 되므로 과세표준이 과다하게 산출되는 경향이 있으므로 저자는 하기와 같은 유권해석을 생성하게 된 것이다.

서울세제-7374 (2012.6.18.) 취득세 : 가설건축물 설치에 따른 취득세 과세표준은 임대사업자의 법인장부 중 취득가격이 증명되는 가격 (…) 가설건축물의 취득세 납세의무자는 컨테이너를 임차하여 설치하였다 해도 사실상 설치하고 사용하는 자에게 있다.

3) 입증서류

표 21 가설건축물 과세표준 입증서류

구 분	관련증빙
외주를 통해 가설사무실을 축조한 경우 : 외주계약서상 계약금액	외주계약서 및 내역서, 세금계산서
자체적으로 자재구입 등을 통하여 신축한 경우 : 공사원가내역상 금액	신축공사원가 내역서
가설사무실을 구입한 경우 : 매매계약서상 구입가액	매매계약서, 세금계산서
컨테이너를 임차하여 사용하는 경우 : 임대인의 장부가액	임대인의 장부가액 확인명세서(날인본) 또는 임대인의 매입세금계산서

④ 건물준공의 원시취득

원시취득에 대하여 3.16%(국민주택에 대하여 2.96%)의 취득세율이 적용된다. 다만, 수도권과밀억제권역 내 취득에 대한 중과세가 적용되는 경우 원시취득이라 하더라도 5.08%의 중과세가 적용될 수 있다.

1) 신탁수수료

수탁자가 건축물을 건축하거나 토지를 개발하여 분양하는 경우에 그 취득원가에 신탁수수료가 포함되지 아니한다. 신탁수수료는 수탁자의 공사원가(매입원가)에 해당하는 것이 아니라, 부동산을 개발하여 준 대가로 위탁자로부터 받는 매출액에 해당하는 것이므로 취득원가에 포함할 수 없다(대판 2020두32937, 2020.5.14.). 이에 대하여 2021년 말에 지방세법 시행령 제18조 제1항 제4호를 개정하여 건축 및 토지조성공사로 수탁자가 취득하는 경우 위탁자가 수탁자에게 지급하는 신탁수수료를 포함하도록 하였다. 그러나 수탁자가 위탁자에게 지급하는 수수료는 부동산 등을 취득하기 위한 수수료가 아니라 부동산을 개발하여 이익을 위탁자에게 주고 그 수수료를 받는 것이므로 지방세법 제10조의4 및 지방세법 시행령 제18조 제1항 본문의 취지에 벗어난 것으로 볼 수 있다.

해당 쟁점은 2024년 4월 1일부터 유상승계 취득하는 과세대상에 대하여는 다음에 해당하는 자가 거래 상대방이나 제3자에게 지급하였거나 지급하여야 할 일체의 비용을 과세표준액으로 하도록 하였다(지법 제10조의3 제1항).

① 납세의무자
② 신탁법에 따른 신탁의 방식으로 해당 물건을 취득하는 경우에는 위탁자

③ 그 밖에 해당 물건을 취득하기 위하여 비용을 지급하였거나 지급하여야 할 자로서 대통령령으로 정하는 자

따라서 원시취득 뿐만 아니라 유상승계취득의 경우에도 취득자 외에 취득에 관여한 자가 취득을 위해 지출한 비용도 과세표준에 포함하도록 개정되어 이러한 경향은 점차 확장되고 있다고 여겨진다.

2) 부담금

부담금의 종류는 「수도권정비계획법」에 의한 과밀부담금, 「농지법」에 의한 농지보전부담금, 「개발이익환수에 관한 법률」에 의한 개발부담금, 「자연환경보전법」에 의한 생태계보전협력금, 「도시교통정비촉진법」에 의한 교통유발부담금, 「산지관리법」에 의한 대체산림자원조성비, 「수도법」에 의한 원인자부담금, 「하수도법」에 의한 원인자부담금 등이 있다. 2024년 현재 우리나라에는 91개의 부담금이 존재하며 무분별하게 남발하고 있다고 여겨진다.

이러한 부담금은 그 종류 및 부과시기에 따라 취득세 과세표준에 포함되는 것으로 해석되는 것과 포함되지 않는 것이 있다.

① 취득세 과세표준에 포함하는 부담금 : 하수처리시설부담금, 상하수도원인자 부담금, 광역교통시설부담금, 기반시설부담금 등 대부분

② 취득세 과세표준에 포함하지 않는 부담금 : 「전기사업법」, 「도시가스사업법」, 「집단에너지사업법」에 의한 부담금 및 개발부담금

간혹 "분담금"은 취득세 과표에서 제외하고, "부담금"은 취득세 과표에 포함한다는 의견이 있다. 이는 우리 지방세법 시행령 제18조에서는 사실상취득가격의 범위를 정하면서 "「전기사업법」, 「도시가스사업법」, 「집단에너지사업법」, 그 밖의 법률에 따라 전기·가스·열 등을 이용하는 자가 분담하는 비용"을 제외하도록 하고 있기 때문일 것이다. 그러나 정작 전기사업법 제51조는 분담금이 아니라 부담금을 규정하고 있다. 따라서 분담금과 부담금의 구분은 사실상 없다고 하겠다. 부담금관리기본법 제2조에서 부담금을 "법률에 따라 금전적 부담의 부과권한을 부여받은 자(이하 "부과권자"라 한다)가 분담금, 부과금, 기여금, 그 밖의 명칭에도 불구하고 재화 또는 용역의 제공과 관계없이 특정 공익사업과 관련하여 법률에서 정하는 바에 따라 부과하는 조세 외의 금전지급의무(특정한 의무이행을 담보하기 위한 예치금 또는 보증금의 성격을 가진 것은 제외한다)"라고 정의하고 있기 때문이다[13].

---

13) 사견에 중앙행정기관의 장, 지방자치단체의 장 등이 취득할 시설의 비용을 조달하기 위하여 기금을 두고 있는 것을 분담금이라고 부르는 과거의 습관이 있는 듯하다. 따라서 중앙행정기관의 장, 지방자치단체의 장이 취득의 주체가 되어 취득세 비과세되는 물건을 취득하는 것이 되므로, 분담금 납부자가 지출한 비용을 취득세 과세대상으로 포함할 경우 취득세 과세표준이 이중으로 잡힌다는 문제 때문에 분담금을 사실상의 취득가격에서 제외한 것으로 여겨진다. 그러나 이는 2010년 지방세법 개정 이후 더 이상 유효하지 않은 과거의 사정이라고 사료된다. 따라서 논리적인 이유를 찾기보다 법문에 따라 판단하여야 할 것이다. 즉, 논리적인 일관성이 부족하다고 여겨진다.

취득가격의 범위 (지방세법 시행령 제18조)

1) 2010.1.1. 시행령 개정 전 : 취득시기를 기준으로 그 이전에 해당 물건을 취득하기 위하여 지급하는 일체의 비용(취득에 소요된 직접·간접 비용 포함)

   ☞ 학교용지부담금은 취득의 대상이 아닌 물건에 관한 것이어서 당해 물건 자체의 가격이라고 볼 수 없으므로 아파트취득가격에서 제외 (세정-429, 2005.1.26., 감심 2009-115, 2009.5.28 등)

2) 2010.1.1. 시행령 개정 후 : 취득시기를 기준으로 그 이전에 해당 물건을 취득하기 위해 지급하여야 할 직접비용과 다음의 간접비용의 합계액

   ☞ 학교용지부담금은 농지보전부담금, 대체산림자원조성비 등과 같이 공동주택을 취득하기 위하여 관계 법령에 따라 의무적으로 부담하는 비용에 해당하고, 시행령 개정으로 의무적으로 부담하는 비용은 취득가격의 간접비용에 해당하므로 아파트취득가격의 범위에 포함 (지방세운영-386, 2015.12.11., 조심 2015지1973, 2017.1.10. 등)

2010년 지방세법 시행령 개정으로 '취득가격의 범위'가 실질적으로 달라지지 않았다. 개정 후 취득세 과세표준이 되는 취득가격에 '법령에 따라 의무적으로 부담하는 비용'을 간접비용의 하나로 명문화하였으나, 개정 전에도 취득에 소요된 직·간접비용을 취득가격에 포함하도록 규정하고 있어 취득가격의 범위가 실질적으로 달라진 것은 아니기 때문이다. 그러나 학교용지부담금의 과세표준 포함여부는 판이하게 달라졌다.

3) 부대 비용

신축건물의 과세표준에는 분양을 위한 선전광고비(신문, TV, 잡지 등 분양광고비)는 제외하고 건축물의 주체구조부와 일체가 된 것은 과세표준으로 포함한다.

분양하는 건축물의 취득시기 이전에 당해 건축물과 빌트인(Built-in) 등을 선택품목으로 일체로 취득하는 경우 취득가액에 포함한다.

4) 건설자금이자

취득세 과세표준이 되는 취득가액은 과세대상물건의 취득시기를 기준으로 그 이전에 당해 물건을 취득하기 위하여 거래상대방 또는 제3자에게 지급하였거나 지급하여야 할 직접비용과 간접비용의 합계액으로서 건설자금에 충당한 금액의 이자 등을 포함하여 과세표준으로 하고 있으므로 모든 자산의 취득과 관련된 건설자금이자 등 비용은 과세표준에 포함되는 것이다.

법인세법상에서는 사업용 고정자산의 매입, 제작, 건설에 소요되는 차입금의 이자 또는 이와 유사한 성질의 지출금을 건설자금이자라 하며, 건설자금이자는 해당 고정자산의 원가로 정하도록 규정하고 있기 때문에 기업에서 어떠한 회계처리를 하였다고 하더라도 취득세 과세표준에 포함되는 것이나, 사업용 고정자산이 아닌 재고자산 등에 대하여는 명확한 처리 규정이 없기 때문에 취득세 과세표준 산정에 어려움이 있게 되는 것이다.

과세당국은 과거 건설이자의 취득세 과세표준 포함 여부와 관련하여 당해 법인이 건설자금이자를 법인 장부상 자산계정이 아닌 영업외비용으로 처리한 경우 취득세 과세표준에서 제외되는 것으로 보았으나, 현재는 건설자금에 충당한 금액의 이자가 있는 경우에는 기업회계기준에 따라 건설자금이자로 계상한 금액만 과세표준에 포함된다고 한정할 수는 없다 하겠으므로 회계처리방법의 차이에 상관없이 건설자금의 이자가 있는 경우에는 취득세 과세표준에 포함하여 적용함이 타당하다는 법원의 판결(수원지방법원 2007.4.4. 선고, 2006구합3125 판결)을 좇아 건설자금에 충당한 금액의 이자는 기업의 장부 계상 여부에 관계없이 취득세 과세표준에 포함토록 하였다. 다만, 여전히 건설자금이자의 계산방식에 대하여는 논란이 있다.

제**8**장

재산세 및 종합부동산세

① 개요

부동산의 보유세는 주택, 토지, 건물 등 부동산을 보유하는 사람이 매년 납부하는 세금으로 재산세와 종부세가 있다. 과세기준일(매년 6월 1일 현재)에 부동산 등을 보유하는 자는 재산세를 7월(및 9월)에, 종부세는 12월에 납부하게 된다. 따라서 과세기준일 현재 재산의 보유 및 상태가 중요하다.

표 22 재산세와 종부세의 세율

구 분		재산세	종부세	
		세율[14]	공제액	세율
주 택		0.1~0.4% (3억원) 별장은 4%	6억원 or 11억원	3% or 6% (조정2,3 주택)
건물	상가, 사무실, 빌딩	0.25%	N/A	

14) 괄호안의 숫자는 최고세율 적용구간의 시작점이다.

구 분		재산세	종부세	
		세율[14]	공제액	세율
토지	종합 합산 나대지, 잡종지	0.2~0.5% (1억원)	5억원	1~3% (45억원)
	별도 합산 건축물 부수토지(착공한 토지) 멸실된 건축물 부수토지(6개월)	0.2~0.4% (10억원)	80억원	0.5 ~0.7% (400억원)
	분리 과세 주택건설사업자의 토지 지식산업센터 부수토지	0.07%	N/A	
	전, 답, 과수원, 목장용지	0.07%		
	골프장용 토지	4.00%		

위의 표에서 보듯이 재산세의 세부담은 종합부동산세의 세부담에 비하여 크지 않다. 따라서 종합부동산세의 세부담이 사업성 검토서에서 중요하게 받아들여져야 할 것이다. 재산세 분리과세되는 경우 및 재산세가 별도합산되는 경우 종부세 부담은 없거나 낮다고 할 수 있으므로 재산세가 종합합산되는 경우에만 큰 의미를 가진다고 할 수 있을 것이다.

② 주택건설사업에 제공되는 토지

주택건설사업자가 사업계획승인을 받은 토지로서 주택건설사업에 제공되고 있는 토지는 재산세를 분리과세(지방세법 시행령 제102조 제6항 제7호)하여 종합부동산세가 과세되지 않고,

주택건설사업자가 주택을 건설하기 위하여 취득한 토지 중 취득일로부터 5년 내에 사업계획의 승인를 받을 토지는 종합부동산세 과세표준 합산의 대상이 되는 토지의 범위에 포함되지 않는다(조세특례제한법 제104조의19 제1항 제1호).

"제공"이라 함은 건축물의 착공을 의미하는 것이 아니라 주택건설사업계획의 승인을 받은 토지로서 주택건설사업의 부지로 제공되기 위하여 다른 용도로 사용되지 않고 있는 토지를 말한다(지방세운영-173, 2008.7.2., 대판 2009두15760, 2010.2.11.).

"주택건설사업의 승인을 받은 토지"를 말하므로 주택건설뿐만 아니라 "승인받은 사업계획서 안에 있는 모든 사업"으로 보아야 할 것이다. 따라서 주택을 건설하기 위하여 부대·복리시설의 하나인 상가건축을 함께 사업계획서에 포함하여 승인을 받았다면 전체가 분리과세되어야 할 것이다.

주택법상 사업계획승인 대상이 아닌 토지는 그것이 주택건설사업에 공여되고 있는 토지라고 하더라도 분리과세대상 토지에 포함되지 아니한다(대판 2011두5551, 2015.4.16.).

주택법 제15조에 의하면 단독주택 20호, 공동주택 20세대, 도시형 생활주택 30세대 이상의 주택건설사업을 시행하려는 자는 사업계획승인을 받도록 되어 있다. 따라서 앞에서 열거된 호수 미만으

로 주택을 건축하는 경우에는 사업계획승인을 받지 아니하고 분리
과세대상 토지에 포함되지 아니한다.

③ 기부채납하는 경우

「국토의 계획 및 이용에 관한 법률」, 「도시 및 주거환경정비법」,
도시개발법, 주택법 등 개발사업 관계법령에 따른 개발사업의 시행
자가 개발사업의 실시계획승인을 받은 토지로서 개발사업에 제공
하는 토지 중 다음의 어느 하나에 해당하는 토지는 분리과세(지방
세법 시행령 제102조 제6항 제2호)한다.

  ㉮ 개발사업 관계법령에 따라 국가나 지방자치단체에 무상귀속
     되는 공공시설용 토지
  ㉯ 개발사업의 시행자가 국가나 지방자치단체에 기부채납하기로
     한 「국토의 계획 및 이용에 관한 법률」 제2조 제6호의 기반시
     설용 토지

국가나 지방자치단체에 기부채납을 조건으로 취득한 것만 분리
과세대상인지, 실시계획승인이 있은 후에 기부채납하기로 된 것도
분리과세대상인지에 대하여 논란이 있다. 요건을 보면 ① 개발사업
실시계획승인을 받은 토지, ② 개발사업에 제공하는 토지, ③ 기부
채납하기로 한 기반시설용 토지로 되어 있다. 따라서 실시계획승인
을 받고 개발사업에 제공하는 토지라면 "기부채납을 조건으로 취

득"이라는 요건을 두고 있지 아니하므로 그 실시계획승인 후에 국가나 지방자치단체와 협약 등을 통해 기부채납하기로 한 기반시설용 토지라면 그때부터 분리과세대상이 된다 할 것이다.

④ 건축물 부수토지

기타의 건설사업자는 착공을 하여야 비로소 건축물 부수토지가 되어 별도합산과세 된다. 이때 주의할 점은 주택건설사업자처럼 사업계획승인이 아니라 실제 착공하여야 한다는 점이다. 착공의 시점은 아래와 같다.

1) 착공한 건물의 부속토지

'착공신고'란 건축허가를 받거나 신고를 한 건축물의 공사를 착수하려는 건축주는 국토교통부령으로 정하는 바에 따라 허가권자에게 공사계획을 신고하여야 한다. 첫 삽질을 시작하는 착공은 사업전체에서 매우 중요한 의미(선분양하는 분양사업의 경우 착공시점 즈음에 분양하게 된다)를 가지고 있고, 세법적으로도 중요한 시점이 된다. 착공은 법인세(업무무관부동산, 건설자금이자), 부가세(토지관련 매입세액), 취득세(중과세), 재산세(분리과세), 종부세(별도합산) 등 많은 세목에서 중요한 기준점이 되기 때문이다.

일반적으로 착공시기는 터파기공사를 시작한 시점을 의미한다.

단순한 형질변경공사는 건축공사의 사전단계에 불과하므로 착공으로 보지 않는다. 이러한 관점은 세법뿐만 아니라 건설산업에서도 받아들여지는 일반적인 관점이다.

> 대법원 2018두38468, 2018.5.31. : 사회통념상 특정 토지에 건물을 신축하기 위한 공사에 "착공"하였다고 인정하기 위해서는 기존 건물의 철거나 착공신고서를 제출하는 것만으로 부족하고, 실질적인 공사의 실행이라 볼 수 있는 행위로서 최소한 정도로 부지를 파내는 정도의 굴착공사나 터파기공사에 착수하는 경우에 비로소 공사에 "착공"하였다고 볼 수 있음.
>
> 착공 [commencement of work, 着工] 공사 시공자가 공사에 착수하는 것을 말하며, 토목이나 건축에서는 일반적으로 터파기공사에 착수하는 것을 말한다(토목용어사전, 1997.2.1., 토목관련용어편찬위원회).

문제는 터파기공사는 다른 공사없이 그냥 시작할 수 있는 작업이 아니라는 점이다. 아무런 준비없이 터를 파면 흙이 무너질 것이다. 당연히 흙막이공사를 먼저 하여야 한다. 흙막이공사를 하려면 공사할 곳을 표시하여야 할 것이다. 이것이 규준틀설치공사(흙막이 작업을 위하여 철제 가이드빔을 설치하는 공사)이다. 최근 대법원판례(대법원 2017두49942, 2017.8.31. 외 다수)는 착공의 시기를 터파기공사시점에서 규준틀설치공사시점으로 앞당겼다고 할 수 있다.

2) 멸실된 건축물의 부수토지

지방세법상 건축물 및 건축물의 부수토지는 여타의 다른 법(건축법 등)에 따른 정의와 다르다. 요약하면 지방세법은 멸실후 6개월 내의 과세기준일이 도래하는 기존건축물의 부속토지도 건축물 부수토지라고 정의하고 있다.

구분	개정 전 (2015년 이전)	개정 후 (2016년 이후)
건축물의 범위	멸실 6개월이 지나지 아니한 건축물은 (지방세법상) 건축물	N/A
부속토지 범위	N/A	6개월 내 철거멸실된 건축물의 부속토지 포함
건축물 부수토지	건축물 부속토지에 해당 별도합산	건축물 부속토지에 해당 별도합산

해당 개정의 취지는 "건축물이 멸실된 날부터 6개월이 지나지 아니한 경우 그 부속토지에 대해서는 별도합산과세 적용대상임을 명확히 함"으로, 용어의 정의에서 다루는 만큼 (구)지방세법이 멸실건축물을 건축물로 정의하거나, (현)지방세법이 멸실건축물의 부수토지를 건축물 부수토지로 보는 것은 의제하는 것으로, 이용현황에 따른 추정이 아닌 것으로 사료된다. 조세심판원도 "다른 용도로 사용하기 위하여 소요되는 시간을 감안하여 최소한 6개월 정도는 건물이 존재하는 것으로 보아[15] 재산세 과세시 별도합산세율을 적

---

15) 조심 2008지0236는 결정문에서 "재산세 과세기준일 현재 건축물 멸실시점으로부터 6월이 경과되지 아니한 사실이 명백히 입증되는 경우와 이러한 멸실시점이 입증되지 아니하여도 건물멸실등기를 함으로써 공부상 멸실된 사실이 확인되는 건축물의 부속토지로서 멸실등기시점으로부터 6월이 경과되지 아니한 토지까지 포함하여 당해 토지를 계속하여 건축물의 부속토지로 간주하겠다는 의미로 해석하는 것이 입법목적에 부합된다고 할 것"이라고 하여 부속토지 여부가 사실관계에 따라 달리 해석되는 것이 아니라 "간주"하는 것임을 명확히 하고 있다.

용하도록 규정(조심 2010지26, 2010.9.13.)하였다고 판시한 바 있다.

그러나 최근 행안부는 과세기준일 현재(6/1) 기존건축물 부속토지를 일시적으로 주차장으로 사용하는 경우 종합합산과세대상이 되는 것으로 해석(부동산세제과-515, 2024.2.5.)하여 전국 지방자치단체에게 배포한 바 있다. 나대지의 일시적인 효율적 운용(주차장 이용)이 규제할 만한 내용도 아니며, 일시적인 운용이 개발사업의 중단 또는 정지를 의미하는 것이 아닌 바 아래 행안부의 유권해석은 타당하지 않다고 사료된다.

> 부동산세제과-515 (2024.2.5.) : 「지방세법」 제106조 제1항 제2호 다목 및 같은 법 시행령 제103조의2에서 규정하는 별도합산과세의 취지는 재산세 과세기준일 현재 다른 용도로 이용하는 토지까지 별도합산과세대상으로 구분하는 것은 토지분 재산세 기본 원칙에 부합하지 않는 점, 해당 토지는 건축물이 멸실된 이후, 차단기 설치·아스콘 포장·무인 수납기 설치 등 주차장으로 이용되는 사실이 명확히 확인되었으며, 이를 공사과정에서 수반되는 일시적인 나대지 상태의 토지로 볼 수 없는 점 등 사실관계 및 입법취지, 종전 판례 등을 종합적으로 고려할 때, 과세기준일 현재 토지 이용현황에 맞게 종합합산과세 대상으로 적용하는 것이 타당하다고 판단됨.

제9장

법인세 및 지방소득세

건설회사라고 하여 별도의 다른 법인세가 적용되는 것은 아닌 바, 세법의 내용보다 건설회사의 업무처리를 알려드리는 것이 더 중요하다고 사료된다. 이는 여러 세무사님이 미확정비용 등에 대한 세무조정을 모르는 것이 아니라, 건설회사의 미확정비용 등이 언제, 어디에서 발생하는지가 생소할 것이기 때문이다.

① 준공현장의 미확정비용

'준공정산보고서'란 준공은 건설의 가장 마지막 단계로, 건설의 모든 공사가 완료된 것을 말한다. 확인 신청이 필요한 공사에서는 공사를 완공한 이후에 건축주가 준공계를 건축 담당 관청에 제출하여야 한다. 또한 손익계산서를 만들 때까지의 계산 과정을 하나로 모아 보고하기 위한 목적으로 작성한 것을 준공정산보고서라고 한다.

준공정산보고에는 재무적인 사항뿐만 아니라, 현장의 원감절감 방안 및 사고보고 및 채권관리상황도 포함되며, 무엇보다도 현장의 실적을 평가하기 위한 자료도 겸하고 있다. 따라서 기투입 미확정 원가 및 미정산원가도 준공정산보고서에 포함되어 진다. 따라서 준공현장의 비용에 투입되었으나, 미확정 미발생된 내역도 함께 담기게 되는 것이다. 해당 비용은 미확정비용이므로 세무조정(유보)을 거처 추인하는 과정이 필요하다.

② 시행사의 진행률 적용

선급금 잔액여부를 확인하여 시산에 반영하거나, 시산반영에 누락된 경우 유보조정 후 진행률을 파악하여야 한다(제3장 참조).

단순시행사업의 경우 진행률과 감리확인 공정률을 비교하여 차이부분을 시산에 반영하거나, 조정에 반영하여 진행률 차이를 조정하여야 한다(제3장 참조).

재고자산에 대하여 외부감사인의 의견 등을 반영하여 건설자금이자를 계상한 경우 마이너스 유보로 조정하고 진행률 및 분양률에 비례하여 유보를 추인하여야 한다.

③ 현재가치할인차금

1) 개념

채권·채무의 현재가치란 특정 채권채무로 인하여 미래에 수취하거나 지급할 총금액을 적정한 이자율로 할인한 가액을 말하는 것이다. 일반기업회계기준에 따르면 장기연불조건의 매매거래, 장기금전대차거래 또는 이와 유사한 거래에서 발생하는 채권·채무로서 명목금액과 공정가치의 차이가 유의적인 경우에는 이를 공정가치로 평가하도록 규정하고 있다. 이 경우 채권·채무의 공정가치는 시장가격으로 평가하되 시장가격이 없는 경우에는 평가기법(현재가치평가기법 포함)을 사용하여 공정가치를 추정한다(일반기준 6장 문단 6.13).

2) 중소기업특례

주식회사의 외부감사에 관한 법률의 적용대상 기업 중 중소기업기본법에 의한 중소기업[자본시장과 금융투자업에 관한 법률에 따른 상장법인·증권신고서 제출법인·사업보고서 제출대상 법인, 일반기업회계기준 제3장(재무제표의 작성과 표시 Ⅱ(금융업))에서 정의하는 금융회사, 일반기업회계기준 제4장(연결재무제표)에서 정의하는 연결실체에 중소기업이 아닌 회사가 포함된 경우의 지배회사 제외]의 경우 장기연불조건의 매매거래 및 장기금전대차거래

등에서 발생하는 채권·채무는 현재가치평가를 하지 않을 수 있다
(일반기준 31장 문단 31.2, 31.7).

3) 건설업관련 차입자금(PF 등)의 현할차

표 23 자금조달비용에 대한 회계처리

시점	중소기업특례		현재가치평가	
차입시	현금	차입금	현금	차입금
	비용(취급수수료)		현할차(취급수수료)	
이자 지급시	액면이자	현금	액면이자	현금
			상각이자	현할차
상환시	차입금	현금	차입금	현금

① 현재가치할인차금은 대출의 차감항목으로 표시한다. 따라서
   차입금 순액은 차입시에는 조달한 자금으로 상환시에는 대출
   원금 표시된다.
② 유효이자는 점점 커지게 되고, 액면이자는 일정하므로 상각액
   은 매년 증가하게 된다.
   유효이자가 점점 커지는 이유는 현할차상각으로 현할차잔액
   이 줄어 들면서, 차입금 순액이 커지기 때문이다.
③ 세법은 장기차입금의 현재가치평가를 인정하지 않는다. 따라
   서 건설회사가 현재가치할인차금을 계상한 경우 현재가치할
   인차금잔액에 대한 세무조정이 필요하다.

4) 현재가치할인차금 등에 대한 세무조정

표 24 현재가치평가에 따른 세무조정

구분	세무조정	비 고
할부판매	조정없음	채권의 회수기간 동안 기업회계기준이 정하는 바에 따라 환입하였거나 환입할 금액을 각 사업연도의 익금에 산입한다(법령 제68조 제6항).
할부취득	조정없음	현할차 상각분에 해당하는 이자상당액은 지급이자 손금불산입(법법 제28조), 원천징수(법법 제73조 및 제98조), 지급명세서의 제출의무(법법 제120조 및 제120조의 2), 수입배당금액의 익금불산입(법법 제18조의 2) 규정을 적용하지 아니한다(법령 제72조 제4항 제1호 및 제6항).
금전대차	현할차불인정	장기금전대차거래에서 발생하는 채권·채무에 대해서는 현재가치 평가를 인정하지 아니한다(법기통 42 – 0···1).
사발차	조정없음	지급이자 손금불산입규정, 원천징수 및 지급명세서제출규정 등이 적용되며, 그 원천징수의 시기는 원금상환일(기명사채는 약정에 의한 원금상환일)로 한다.
금융리스	조정없음	리스자산의 감가상각비와 대금결제조건에 따라 지급하기로 한 리스료 중 차입금에 대한 이자상당액을 손금에 산입한다. 이 경우 동 이자상당액은 금융보험업자에게 지급하는 이자로 보아 이자소득에 대한 법인세를 원천징수하지 아니한다(법기통 23 – 24···1 제1항 제1호 및 제2호).
운용리스	리스자산부인, 리스부채부인	법인세법 적용에 있어서는 실제 리스 지급액을 손금산입하도록 하는 것이 거래관계를 더 잘 반영한다는 취지에서 K-IFRS 제1116호에 따른 리스이용자 회계처리를 수용하지 않고 있으므로, 사용권자산 및 리스부채의 계상 그리고 이에 따른 감가상각비와 이자비용 계상에 대한 세무조정이 필요

④ 업무무관가지급금의 범위

건설회사가 SPC(특관자) 등에게 자금보충으로 구상채권을 가지거나, 특관자에게 공사대금 및 거래대금을 지연하여 수취하는 경우 흔히 가지급금에 관한 세무문제가 발생한다.

법인세법상 지급이자 손금불산입의 대상이 되는 업무무관가지급금에는 순수한 의미의 대여금은 물론 구상금채권 등과 같이 채권의 성질상 대여금에 준하는 것도 포함되고, 업무와 관련성 여부는 당해 법인의 목적사업이나 영업내용을 기준으로 객관적으로 판단되어야 할 것인데, 법인이 특수관계자로부터 지급받아야 할 매매대금이나 공사대금의 회수를 정당한 사유 없이 지연시키는 것은 실질적으로 매매대금 또는 공사대금이 계약상의 의무이행 기한 내에 전부 회수된 후 다시 가지급된 것과 같은 효과를 가져온다는 점에서 그 미회수 대금 상당액은 법인세법 제28조 제1항 제4호 나목이 규정하는 '업무와 관련 없이 지급한 가지급금 등'에 해당하여 그에 상당하는 차입금의 지급이자가 손금에 산입되지 아니한다. 또한 그와 같은 대금의 회수지연이 건전한 사회통념이나 상관행에 비추어 경제적 합리성이 결여되어 조세의 부담을 부당하게 감소시킨 것으로 인정되는 경우에는 법인세법 제52조, 법인세법 시행령 제88조 제1항 제6호의 규정에 의한 부당행위계산부인에 의하여 그에 대한 인정이자가 익금에 산입된다(대법원 2006.10.26. 선고 2005두1558 판결, 대법원 2010.1.14. 선고 2007두5646 판결 등 참조).

따라서 인정이자익금산입 및 지급이자손금불산입의 쟁점은 업무 관련성이 아니라 지연회수의 경제적 합리성에 있다.

> 대법원 2007두5646, 2010.1.14. : 특수관계자로부터 지급받아야 할 매매대금의 회수를 정당한 사유 없이 지연시킬 경우 당해 금액을 업무무관가지급금으로 보는 것임.
>
> 법인, 대법원 2005두1558, 2006.10.26. : 특수관계자로부터 지급받아야 할 매매대금의 회수를 정당한 사유 없이 지연시키는 것은 실질적으로 그 매매금을 회수하여야 할 날에 가지급금으로 지출한 것으로 보아야 할 것임.

매출채권이나 공사미수금 등이 실질적으로 소비대차로 전환되었다고 볼만한 사정이 없는 한 지연회수 사실만으로는 업무무관가지급금으로 보기는 어렵다 할 것(조심 2013전1348, 2014.8.28.)이라고 결정하여 세법상 가지급금으로 보기 위해서는 실질적인 소비대차로 전환되었음에 대한 근거가 필요함을 명시하고 있다. 또한 세법은 금전소비대차 전환의 근거로 주로 이자조항을 들고 있다.

> 법인세법 기본통칙 28-52…2 : 매입가격을 결정한 후 그 대금 중 일부잔금의 지급지연으로 그 금액이 실질적으로 소비대차로 전환된 경우에 지급하는 이자는 영 제52조 제2항의 '건설 등이 준공된 날'까지의 기간 중에는 건설자금이자로 보고…
>
> 법인세법 기본통칙 73-0…1 : 당초 계약 내용에 의하여 매입가액이 확정된 후 그 대금의 지급 지연으로 실질적인 소비대차로 전환되어 발생되는 이자는 이자소득으로 한다.

법인세법 기본통칙 73-0…2 : 이자소득금액을 당사자 간의 합의에 의하여 소비대차로 전환한 때에는 그 전환한 날.

법인이 특수 관계 있는 자와의 거래에서 발생된 외상매출금 등의 회수가 지연되는 경우 (…) 거래상대방의 자금사정 등으로 불가피하게 그 회수가 지연되는 등 매출채권의 회수가 지연되는 데 정당한 사유가 있다고 인정되는 경우에는 해당 매출채권의 지연에 따른 연체료 상당액을 받기로 한 경우에도 해당 매출채권이 업무와 관련 없는 가지급금으로 전환된 것으로 보지 아니한다(법인세법 집행기준 28-53-2).

⑤ 충당부채

부채가 되기 위하여 금액이 확정될 필요는 없다. 지출금액 및 지출시기가 불확실하더라도 현재의무가 존재하는 경우 부채를 합리적인 추정을 사용하여 부채를 인식할 수 있다.

① 과거사건이나 거래의 결과로 현재의무가 존재
② 당해 의무를 이행하기 위하여 자원이 유출될 가능성이 높음
③ 그 의무의 이행에 소요되는 금액을 신뢰성 있게 추정 가능

건설회사에는 아래와 같은 충당부채가 있으며, 세법상 충당부채

의 전입액은 확정(지출)된 사업연도에 손금으로 인정하는 바 일시
적인 차이에 대한 세무조정이 필요하다.

1) 공사손실충당부채

① 개념 : 총공사예정원가가 총공사예상수익을 초과할 것으로
　　예상되는 경우에 그 예상손실에 해당하는 금액을 공사손실충
　　당부채로 일시에 인식한다. 미래 공사손실 발생에 대비해 그
　　손실 예상액을 추정해 인식하는 부채. 공사손실충당부채전
　　입액은 공사원가 항목이며 공사기간 동안 환입액을 통해 차감
　　한다.
　　• 총예상손실 : 준공예정원가−회수가능계약수익
　　• 결산시기 말 공사손실충당부채잔액 :
　　　총예상손실−(누계매출원가−누계매출액)

② 분개예시
　　설정시 : (차) 하자보수비(원가) ×××　(대) 하자보수충당부채 ×××
　　상계시 : (차) 하자보수충당부채 ×××　(대) 현금 ×××
　　초과시 : (차) 하자보수비(원가) ×××　(대) 현금 ×××
　　환입시 : (차) 하자보수충당부채 ×××　(대) 하자보수비(원가) ×××

　설정된 하자보수충당부채는 이후 발생하는 하자보수비와 상계하
고 하자보수충당부채를 초과하는 하자보수비는 이를 당해연도의

비용으로 처리하며 보증기간 만료시 환입시킨다.

- 예상손실액 변동시 추가전입 또는 환입한다. 추정의 변경에 따른 전진법을 적용한다.
- 준공예정원가율변경에 따라 공사손실충당부채의 환입 및 매출원가에서 차감한다.

③ 설정근거

IFRS1115호는 예상손실에 대한 회계처리를 더 이상 규정하고 있지 않으므로, IFRS1037호 충당부채 내 손실부담계약을 근거로 한다.

- 손실부담계약 : 계약상의 무이행에 필요한 회피불가능한 원가가 그 계약에서 받을 것으로 예상되는 경제적 효익을 초과하는 계약
- 회피불가능원가는 계약을 해지하기 위한 최소 순원가로서 다음의 ㉠과 ㉡ 중 에서 적은 금액
  ㉠ 계약을 이행하기 위하여 필요한 원가
  ㉡ 계약을 이행하지 못하였을 때 지급하여야 할 보상금이나 위약금

2) 하자보수 충당부채

① 개념 : 공사종료 후에 하자보수가 예상되는 경우 일정률에 따

라 추정된 금액을 원가(하자보수비)로 인식하고 하자보수충당
부채로 계상한다.

공사준공현장에 대하여 도급금액의 일정률에 해당하는 금액을
하자보수비로 계상하여 공사가 종료되는 회계연도의 공사원가에
포함시키고, 그 금액을 하자보수충당부채로 계상함.

② 분개예시

　(설정시) 공손충전입액 ×××　　　 공사손실충당부채 ×××

　(환입시) 공손충전입액 (-)×××　　 공사손실충당부채 (-)×××

　• 인식시점 및 진행률 반영여부 : 하자보수비를 제외한 공사
　　진행률로 매 결산기에 인식

　• 하자보수충당부채 계산산식 : 계약금액 × 경험률

　※ 보통 상반기에 예산관리팀에서 하자보수율 산정하여 이후 1년간 해당 하자보
　　수설정률을 적용한다.

③ 관련기준

　계약체결 증분원가 회계처리[기준서 제1115호 "고객과의 계
　약에서 생기는 수익", 문단91~93 발췌]

　계약에 직접 관련되며 계약을 체결하는 과정에서 공사계약체
　결 전에 발생한 원가의 자산화 고려 요소

　㉠ 고객과의 계약체결 증분원가가 회수될 것으로 예상된다면
　　이를 자산으로 인식

ⓛ 계약체결 증분원가는 고객과의 계약을 체결하기 위해 들인원가로서 계약을 체결하지 않았다면 들지 않았을 원가(예 : 판매수수료)

ⓒ 계약체결 여부와 무관하게 드는 계약체결원가는 계약체결 여부와 관계없이 고객에게 그 원가를 명백히 청구할 수 있는 경우가 아니라면 발생시점에 비용으로 인식

계약이행원가회계처리[기준서 제1115호 "고객과의 계약에서 생기는 수익", 문단95 발췌]

계약이행원가는 다음을 모두 충족하여야 자산화 가능함.

㉠ 원가가 계약이나 구체적으로 식별할 수 있는 예상계약에 직접 관련됨.

ⓛ 원가가 미래의 수행의무를 이행(또는 계속이행)할 때 사용할 기업의 자원을 창출하거나 가치를 높임

ⓒ 원가는 회수될 것으로 예상됨.

3) 금융보증부채

① 개념 : 지급보증으로 인한 대위변제 위험 노출수준을 식별하여 금융보증부채를 인식한다. 금융기관의 보증료율을 참조하여 금융보증부채의 공정가치를 측정한다.

▪ 노출된 위험 = 실행금액 × 실행기간

▪ 공정가치 = 노출된 위험 × 적용료율

▸ 프로젝트금융(PF)보증 : PF 분양사업의 사업비용 일체 (보증료율 : 연 0.56%~1.10%)

▸ 건설자금보증 : 분양 및 임대사업의 공사비 (보증료율 분양사업 연 0.2%~0.95%, 임대건설 0.2%~0.85%)

▸ 보증료율은 한국주택금융공사, 주택도시보증공사 등이 주택보증상품유형 및 보증료율을 매년 말 공시한다.

② 분개예시

■ 시행사(원채무자)의 차입실행시

　(차) 선급비용 ×××　　　　　　(대) 금융보증부채 ×××

■ 시행사 부도 등 보증사고 발생시

　(차) 기타충당부채전입액 ×××　　(대) 금융보증부채 ×××

■ 실제 손실 발생시

　(차) 금융보증부채 ×××　　　　　(대) 현금 ×××

③ 관련기준

■ 금융보증계약의 정의[기준서 제1109호 "금융상품", 문단9]
：채무상품의 최초 계약조건이나 변경된 계약조건에 따라 지급기일에 특정채무자가 지급하지 못하여 보유자가 입은 손실을 보상하기 위해 발행자가 특정금액을 지급하여야 하는 계약

■ 금융부채의 최초 측정[기준서 제1109호 "금융상품", 문단5.1.1]
：금융자산이나 금융부채는 최초 인식시 공정가치로 측정한다.

⑥ 업무무관부동산과 비사업용토지

1) 개요

법인이 보유한 비사업용토지 또는 법령에서 정하는 주택(부수토지 포함)을 양도하는 경우에는 해당 부동산의 양도소득에 대하여 각 사업연도 소득에 대한 법인세 외에 추가로 법인세를 납부하여야 한다. 다만, 2009.3.16.부터 2012.12.31.까지 양도하는 경우 및 2009.3.16.부터 2012.12.31.까지 취득한 자산을 양도함으로써 발생하는 소득에 대하여는 법인세 추가과세를 적용하지 않는다. 토지 등 양도소득에 대한 법인세란 법인의 부동산 투기를 막기 위해서 토지, 건물 등을 양도함으로써 발생하는 양도소득에 대하여 각 사업연도 소득에 대한 법인세에 추가하여 과세하는 법인세를 의미한다.

토지 등 양도소득에 대한 법인세 = (양도가액 – 양도당시의 세무상 장부가액) × 세율

과세대상자산	세 율			
	2009.3.16.~2012.12.31. 양도자산	2013.1.1.~2013.12.31. 양도자산	2014.1.1. 이후 양도자산	2021.1.1. 이후 양도자산
(1) 투기지역에 있는 부동산 지정지역에 있는 주택 지정지역에 있는 비사업용 토지지가급등지역에 있는 부동산	10%	30% (미등기 40%)	10%[16] (미등기 40%)	토지 10% 주택 20% (미등기 40%)
(2) 투기지역 외의 주택	–			
(3) 투기지역 외의 비사업용 토지	–			

분양건설업은 일반적으로 건설용지를 취득 후 지체 없이 사업을 추진하지만 주거기반시설 등의 부족으로 불가피하게 분양을 연기하는 경우가 있다. 한편, 법인세법은 법인의 부동산투기를 억제시키기 위한 목적으로 부동산을 취득 후 유예기간 내에 법인업무에 사용하지 않을 경우 업무무관부동산으로 보아 해당 업무무관부동산 취득 및 유지관련 비용을 손금불산입한다. 아래에서는 건설용지를 중심으로 법인세법상 업무무관부동산 관련 규정을 살펴보기로 한다.

---

16) 舊 법인세법 제25조 ① (1)에 따른 중소기업이 (2)주택 또는 (3)비사업용 토지(미등기 토지 등은 제외한다)를 2015년 12월 31일까지 양도하는 경우에는 토지 등 양도소득에 대한 법인세를 추가 과세하지 아니함(법인세법 부칙 제8조 단서, 법률 제12166호, 2014.1.1.).

2) 비사업용 토지 등

① 주택 : 법령 제92조의2 제2항에서 정하는 주택(이에 부수되는 토지를 포함한다) 및 주거용 건축물로서 상시 주거용으로 사용하지 아니하고 휴양·피서·위락 등의 용도로 사용하는 건축물(단, 지방자치법 제3조 제3항 및 제4항에 따른 읍 또는 면에 있으면서 법령 제92조의10에서 정하는 범위 및 기준에 해당하는 농어촌주택(그 부속토지를 포함한다)은 제외)

  * 과세대상 확대(2021년 양도분부터 적용) : 주택을 취득하기 위한 권리(입주권, 분양권)

② 비사업용 토지 : 토지를 소유하는 기간 중 법령 제92조의3에서 정하는 기간 동안 다음의 어느 하나에 해당하는 토지를 의미한다. 단, 토지를 취득한 후 법령에 따라 사용이 금지되거나 그 밖에 법령 제92조의11에서 정하는 부득이한 사유가 있어 비사업용 토지에 해당하는 경우에는 제외한다.

  ㉠ 논밭 및 과수원(이하 이 조에서 "농지"라 한다)으로서 다음의 어느 하나에 해당하는 것
  농업을 주된 사업으로 하지 아니하는 법인이 소유하는 토지
  특별시, 광역시(광역시에 있는 군 지역은 제외), 특별자치시(특별자치시에 있는 읍·면 지역은 제외), 특별자치도(제주특별자치도 설치 및 국제 자유도시 조성을 위한 특별법 제10조 제2항에 따라 설치된 행정시의 읍·면 지역은 제

외) 및 시 지역(지방자치법 제3조 제4항에 따른 도농 복합
형태의 시의 읍·면 지역은 제외) 중 국토의 계획 및 이용에
관한 법률 제6조 제1호에 따른 도시지역(대통령령으로 정
하는 지역은 제외)에 있는 농지

ⓛ 임야(다만, 다음 중 어느 하나에 해당하는 것은 제외 : 법령
제92조의6 참조)

「산림자원의 조성 및 관리에 관한 법률」에 따라 지정된 채
종림·시험림, 산림보호법 제7조에 따른 산림보호구역, 그
밖에 공익상 필요하거나 산림의 보호·육성을 위하여 필요
한 임야

임업을 주된 사업으로 하는 법인이나 「산림자원의 조성 및
관리에 관한 법률」에 따른 독림가(篤林家)인 법인이 소유
하는 임야

토지의 소유자·소재지·이용상황·보유기간 및 면적 등을
고려하여 법인의 업무와 직접 관련이 있다고 인정할 만한
상당한 이유가 있는 임야

ⓒ 다음의 어느 하나에 해당하는 목장용지. 다만, 토지의 소유
자·소재지·이용상황·보유기간 및 면적 등을 고려하여 법
인의 업무와 직접 관련이 있다고 인정할 만한 상당한 이유
가 있는 목장용지로서 법령 제92조의7 제2항에서 정하는
것은 제외

축산업을 주된 사업으로 하는 법인이 소유하는 목장용지

로서 법령 제92조의7 제4항에서 정하는 축산용 토지의 기준면적을 초과하거나 특별시, 광역시, 특별자치시, 특별자치도 및 시 지역의 도시지역(법령 제92조의7 제5항에서 정하는 지역은 제외)에 있는 목장용지(도시 지역에 편입된 날부터 대통령령으로 정하는 기간이 지나지 아니한 경우는 제외)

축산업을 주된 사업으로 하지 아니하는 법인이 소유하는 목장용지

㉣ 농지, 임야 및 목장용지 외의 토지 중 다음을 제외한 토지

지방세법이나 관계 법률에 따라 재산세가 비과세되거나 면제되는 토지

지방세법 제106조 제1항 제2호 및 제3호에 따른 재산세 별도합산과세대상 또는 분리과세대상이 되는 토지

토지의 이용상황, 관계 법률의 의무이행 여부 및 수입금액 등을 고려하여 법인의 업무와 직접 관련이 있다고 인정할 만한 상당한 이유가 있는 토지로서 법령 제92조의8 제1항에서 정하는 것

㉤ 지방세법 제106조 제2항에 따른 주택 부속토지 중 주택이 정착된 면적에 지역별로 법령 제92조의9에서 정하는 배율을 곱하여 산정한 면적을 초과하는 토지

㉥ 별장의 부속토지. 다만, 별장에 부속된 토지의 경계가 명확하지 아니한 경우에는 그 건축물 바닥면적의 10배에 해당

하는 토지를 부속토지로 봄

㉑ 그 밖에 위에서 규정된 토지와 유사한 토지로서 법인의 업무와 직접 관련이 없다고 인정할 만한 상당한 이유가 있는 대통령령으로 정하는 토지

3) 업무무관부동산

업무와 관련 없는 부동산은 다음과 같다. 다만 부득이한 사유가 있는 부동산은 제외한다(법인세법 시행령 제49조).

① 법인의 업무에 직접 사용하지 아니하는 부동산. 다만, 유예기간이 경과하기 전까지의 기간 중에 있는 부동산을 제외한다.
② 유예기간 중에 당해 법인의 업무에 직접 사용하지 아니하고 양도하는 부동산. 다만, 부동산매매업을 주업으로 영위하는 법인의 경우를 제외한다.

업무무관부동산과 비사업용 토지는 서로 독립된 개념이다. 업무무관부동산이 비사업용 토지에 포함되거나, 비사업용 토지가 업무무관부동산에 포함되는 개념이 아니다.

표 25 업무무관부동산과 비사업용 토지

구 분	업무무관부동산	비사업용 토지
대상 자산 범위	토지 및 건물	농지, 임야, 목장용지, 기타 토지(건물 제외)
지급이자손금불산입 규정 적용 여부	적용대상	업무무관부동산에 해당시 적용대상
토지 등 양도소득 과세 여부	비사업용 토지에 해당시 과세	과세
법인세법 적용방법	취득일로부터 양도일까지 매년 지급이자 손금불산입 규정 적용	보유기간 중 일정기간[17] 이상 업무에 사용한 경우 과세 제외

법인의 업무란 다음의 업무를 말한다.

① 법령에서 업무를 정한 경우에는 그 법령에 규정된 업무

② 각 사업연도 종료일 현재의 법인등기부상의 목적사업(행정관
청의 인가·허가 등을 요하는 사업의 경우에는 그 인가·허가
등을 받은 경우에 한한다)으로 정하여진 업무

4) 주택신축판매법인의 경우

아울러 부동산매매업이 주업인 법인이 양도하는 부동산은 업무
에 사용한 것으로 본다(대법원 2018.5.11. 선고 2014두44342 판
결). 주택신축판매법인의 토지 등 양도소득에 대한 법인세 비과세

---

17) ① 양도일 직전 5년 중 3년 이상, ② 양도일 직전 5년 중 2년 이상, ③ 보유기간 중
60% 이상을 직접 사업에 사용하는 경우 "토지등 양도소득세 대한 법인세"를 과세하지
않는다(소령 168의 6).

주택을 신축하여 판매(민간임대주택에 관한 특별법 제2조 제2호에 따른 민간건설임대주택 또는 공공주택 특별법 제2조 제1호의2에 따른 공공건설임대주택을 동법에 따라 분양하거나 다른 임대사업자에게 매각하는 경우를 포함)하는 법인이 그 주택 및 주택에 부수되는 토지로서 그 면적이 다음의 면적 중 넓은 면적 이내의 토지를 양도함으로써 발생하는 소득에 대하여는 토지 등 양도소득에 대한 법인세를 과세하지 않는다(법인세법 시행령 제92조의2 제4항 제4호).

① 주택의 연면적(지하층의 면적, 지상층의 주차용으로 사용되는 면적 및 주택건설기준 등에 관한 규정 제2조 제3호의 규정에 따른 주민공동시설의 면적을 제외)
② 건물이 정착된 면적에 5배(국토계획법 제6조의 규정에 따른 도시지역 밖의 토지의 경우에는 10배)를 곱하여 산정한 면적

⑦ 지방소득세 안분

1) 개요

법인의 사업장이 둘 이상의 지방자치단체에 있는 경우에는 그 사업장의 소재지를 납세지로 한다(지법 제89조 제2항). 특별시·광역시 내 둘 이상의 구에 사업장이 있을 때에는 본점 또는 주사무소 소재지를 관할하는 구청장에게 일괄 신고·납부한다.

안분계산세액에 오류가 있는 때에는 지방자치단체장이 부과고지 하기 전까지는 가산세 부담없이 수정신고 할 수 있다. 그러나 안분 대상 법인인데도 안분계산을 하지 않고, 본점 등 1개 지방자치단체 에만 신고한 경우, 수정신고를 하더라도 가산세 부과된다(2017년 개정, 지법 제103조의24 제6항).

2) 안분세액의 계산

① 법인지방소득세 산출세액을 다음 지자체별 사업장 안분율(이 하 "안분율"이라 함)에 따라 안분

$$안분율 = \{ \, [\, \frac{\text{관할 지방자치단체 안 종업원 수}}{\text{법인의 총 종업원 수}} +$$

$$\frac{\text{관할 지방자치단체 안 건축물연면적}}{\text{법인의 총 건축물연면적}} \,] \, \} \div 2$$

② 세액공제·감면 → 지자체별 공제·감면세액을 차감
③ 가산세액 → 무신고 가산세 등 지방세기본법의 가산세는 해당 지자체별 적용 가산 (단, 지방세법 제103조의30 가산세는 안 분율에 따라 안분가산)
④ 기납부세액 (특별징수세액 및 수시부과세액)
　이때 특별징수된 기납부세액은 안분율에 따라 지자체별로 안 분하고, 수시부과된 기납부세액은 해당 자치단체의 산출세액 에서 차감한다.

⑤ 경정·수정신고 등 가감액

구 지방세법 제91조 제1항 단서에 따른 추가납부 또는 환급세액을 경정고지일(수정신고일)이 속하는 사업연도분에 가감하는 경우, 구 지방세법 제92조 제3항에 따른 환급세액을 다음 사업연도분에서 공제하는 경우 및 개정된 지방세법 제103조의24 제4항에 따른 환급세액을 다음 사업연도분에서 공제하는 경우의 세액을 가감한다.

3) 안분기준 : 지방세법 시행규칙 제38조의5 [별표4]

① 사업장 : 인적설비(종업원) 또는 물적설비(건축물등)를 갖추고 사업 또는 사무가 이루어지는 장소로 모델하우스 등 가설건축물, 건설현장사무소, 연구시설, 기숙사, 연수원 등을 말한다.
② 종업원 : 급여의 지급 여부와 상관없이 사업주 또는 그 위임을 받은 자와의 계약에 따라 해당 사업에 종사하는 사람으로 국외근무자는 제외한다.
③ 건축물 연면적 : 사업장으로 직접 사용하는 「건축법」에 따른 건축물의 연면적을 말한다. 다만, 연면적을 정하기 곤란한 기계장치 또는 시설(수조·저유조·저장창고·저장조·송유관·송수관 및 송전철탑만 해당한다)의 경우에는 그 수평투영면적으로 한다.
④ 사업장용 건축물은 당해 법인의 사업연도 종료일 현재 사업에 직접 사용하는 건축물이다. 법인이 타인에게 임대하고 있는

건축물은 사업장 안분면적에 불포함. 법인의 소유가 아니더라도 사업에 직접 사용하고 있는 건축물은 포함한다.

시행사업의 절차 & 세무컨설팅

1. 시행사업 진행 절차 안내

01 사업성 검토
· 사업지 입지 분석
· 가설계 검토
· 사업 수지 분석
· 분양성 검토

02 토지 확보
· 사업지 정보 분석
· 잔금 시점 계획
· 계약체결
· 브릿지 대출

03 설계·시공사 선정
· 설계의뢰 및 비교검토
· 건축 인허가
· 시공능력 비교 검토

04 PF 대출
· 건축 인허가 완료
· 토지 브릿지 대출 상환
· 현금흐름분석

05 착공
· 착공 신고
· 현장 준비
· 공정률 검토

06 분양·마케팅
· 분양공고
· 입주자 모집공고
· 분양 대행사 선정
· 모델하우스 오픈

07 준공 및 입주
· 사용승인 검사
· 보존등기
· 사전점검 및 하자보수
· 입주지정

08 대출상환 및 정산
· 대출상환
· 법인세 납부
· 수익금 정산

2. 사업성 검토

사업지 입지분석
교통, 주변상황 등 검토

가설계 검토
여러 설계안을 검토하여 최적의 수익성 추구

사업수지분석
준공 후 가치평가 및 지출의 적정성 검토

분양성 검토
주변 사업지의 분양 상황 파악

01	제세공과금,각종 분담금, 불공제 매입세액 등 적정성 검토
02	사업의 수익성 + 단계별 현금흐름 검토
03	인허가 지연에 따른 이자비용 증가 등 추가적인 비용 발생 가능성 검토

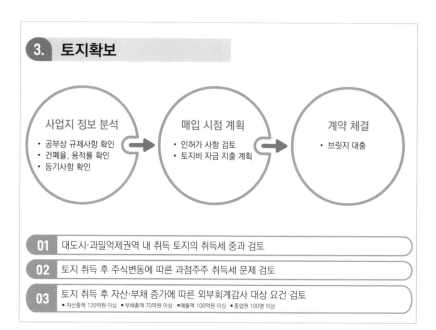

3. 토지확보

사업지 정보 분석
- 공부상 규제사항 확인
- 건폐율, 용적률 확인
- 등기사항 확인

매입 시점 계획
- 인허가 사항 검토
- 토지비 자금 지출 계획

계약 체결
- 브릿지 대출

01 대도시·과밀억제권역 내 취득 토지의 취득세 중과 검토

02 토지 취득 후 주식변동에 따른 과점주주 취득세 문제 검토

03 토지 취득 후 자산·부채 증가에 따른 외부회계감사 대상 요건 검토
■ 자산총액 120억원 이상 ■ 부채총액 70억원 이상 ■ 매출액 100억원 이상 ■ 종업원 100명 이상

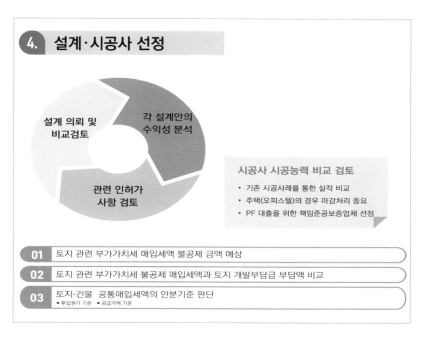

4. 설계·시공사 선정

설계 의뢰 및 비교검토

각 설계안의 수익성 분석

관련 인허가 사항 검토

시공사 시공능력 비교 검토
- 기존 시공사례를 통한 실적 비교
- 주택(오피스텔)의 경우 마감처리 중요
- PF 대출을 위한 책임준공보증업체 선정

01 토지 관련 부가가치세 매입세액 불공제 금액 예상

02 토지 관련 부가가치세 불공제 매입세액과 토지 개발부담금 부담액 비교

03 토지·건물 공통매입세액의 안분기준 판단
■ 투입원가 기준 ■ 공급가액 기준

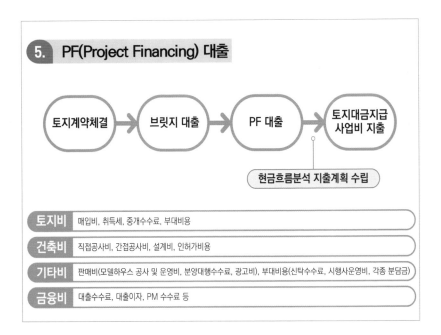

5. PF(Project Financing) 대출

토지계약체결 → 브릿지 대출 → PF 대출 → 토지대금지급 사업비 지출

현금흐름분석 지출계획 수립

토지비	매입비, 취득세, 중개수수료, 부대비용
건축비	직접공사비, 간접공사비, 설계비, 인허가비용
기타비	판매비(모델하우스 공사 및 운영비, 분양대행수수료, 광고비), 부대비용(신탁수수료, 시행사운영비, 각종 분담금)
금융비	대출수수료, 대출이자, PM 수수료 등

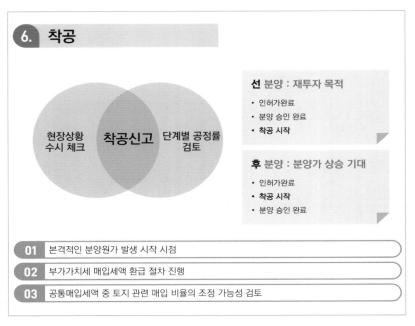

6. 착공

현장상황 수시 체크 · 착공신고 · 단계별 공정률 검토

선 분양 : 재투자 목적
- 인허가완료
- 분양 승인 완료
- **착공 시작**

후 분양 : 분양가 상승 기대
- 인허가완료
- **착공 시작**
- 분양 승인 완료

01	본격적인 분양원가 발생 시작 시점
02	부가가치세 매입세액 환급 절차 진행
03	공통매입세액 중 토지 관련 매입 비율의 조정 가능성 검토

7. 분양 및 마케팅

분양 대행사 선정 or 시행사 직접 분양

모델하우스 오픈 > 입지 선정, 인테리어 업체 선택, 모형 제작 등

분양 마케팅 > 블로그, 현수막, 전단지, 인터넷광고, 지하철 광고, 부동산 영업 등

01 잠재 고객들이 필요로 하는 오피스텔·주택 관련 세법 노하우 제공

02 선분양 사업의 경우 매출 발생 시점

03 매출 세금계산서·계산서의 적법한 발생 여부 검토

04 완성기준 또는 진행기준에 따라서 법인의 수익 인식

8. 준공 및 입주

준공 검사   **사용승인**   **건축물 대장**

보존등기   **사전점검행사**   **입주지정기간**

- 수분양자 대출 실행
- 소유권 이전 가능

- 하자 체크
- 입주 안내

- 잔금 납부
- 입주 및 시설물 인수인계

01 보존등기 시점 취득세 신고

02 입주자에 대한 세무컨설팅

03 국세청 및 지방청 세무조사 대비

9. 대출 상환 및 수익금 정산

분양 수익금으로 대출 상환 및 법인세 납부

다음 사업지 준비 　**수익금 재투자**　 OR 　**수익금 정산**　 법인 청산 배당 등 잔여이익 분배

01	전반적인 사업의 세금신고 마무리
02	각 수익권자의 수익분배 방법 컨설팅
03	법인 청산의 경우 청산소득 계산 및 신고

 세무법인 이안컨설팅

우리는 전문가들과 함께, 친목과 발전을 도모하며,
사업과 명성을 키웁니다.

서울시 강남구 테헤란로 406, 샹제리제센터 A동 402호
02.565.2306 　 taxenc@naver.com

강상원 세무사

저자약력

- ▶ (현) 세무법인 이안컨설팅 강남지점 대표세무사
- ▶ (전) 세무법인 다솔 파트너 세무사
- ▶ (전) 대우건설 세무팀, 자산관리팀, 경영관리팀 재직
- ▶ (전) 강남세무서 국세심사위원
- ▶ (현) 국토부 전문인력 (부동산개발, 자산운용)
- ▶ (현) 경기도청 국선대리인
- ▶ (현) 서울특별시 정비사업 코디네이터
- ▶ (현) 세무사회 지방세제도연구위원
- ▶ (현) 세무사고시회 회원연수센터장
- ▶ (현) 세무사전문분야포럼 건설업 및 부동산개발업 분야 좌장
- ▶ (현) 서울시립대 세무학과, 세무전문대학원 석사, 총동창회 감사
- ▶ (현) 한국세무학회, 한국지방세협회 정회원

주요저서

- ▶ 「건설회사 세무실무」 출간 (삼일인포마인)
- ▶ 「2024 세무실무편람」 출간 (세무사고시회, 강상원 외 9인 공저)
- ▶ 「한눈에 보는 건설업 세무원리」 출간 (삼일인포마인)

주요논문

- ▶ 지주공동사업의 과세문제 (한국세무포럼)
- ▶ 취득세 과세표준 사전검증제도 도입에 관한 연구
  (한국세무사회, 박훈, 허원교수 공동)
- ▶ 개발사업을 통한 이익의 증여 연구 (세무사전문분야포럼)